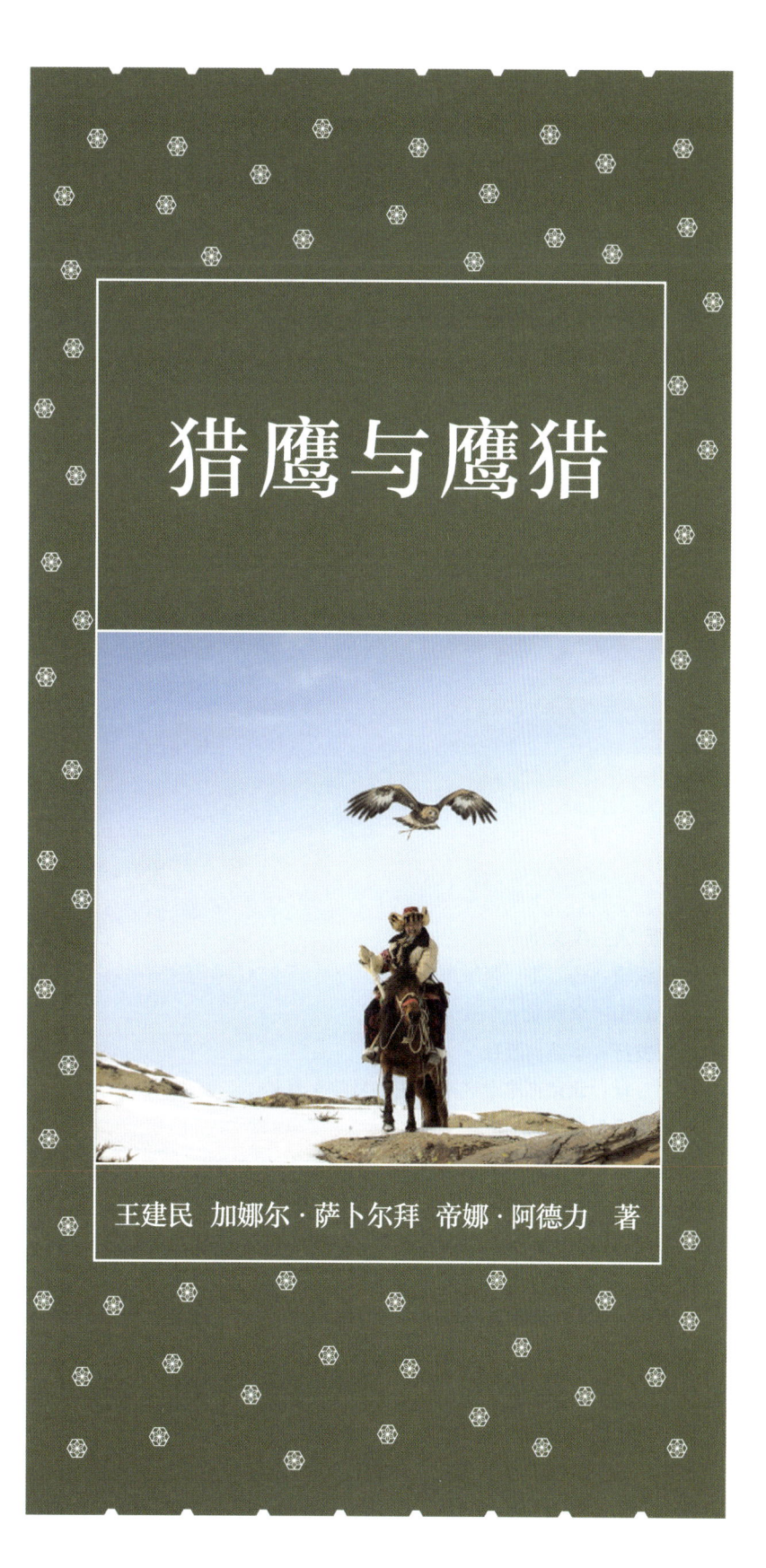

中·华·冰·雪·文·化·图·典

猎鹰与鹰猎

王建民 加娜尔·萨卜尔拜 帝娜·阿德力 著

学苑出版社

图书在版编目（CIP）数据

猎鹰与鹰猎 / 王建民，加娜尔·萨卜尔拜，帝娜·阿德力著 . —北京：学苑出版社，2024.1
（中华冰雪文化图典 / 张小军主编）
ISBN 978-7-5077-6823-7

Ⅰ.①猎… Ⅱ.①王…②加…③帝… Ⅲ.①哈萨克族—狩猎—少数民族风俗习惯—中国—图集 Ⅳ.
① K892.336-64

中国国家版本馆 CIP 数据核字（2023）第 221422 号

出 版 人：洪文雄
责任编辑：杨　雷　张敏娜
编　　辑：李熙辰　李欣霖
出版发行：学苑出版社
社　　址：北京市丰台区南方庄 2 号院 1 号楼
邮政编码：100079
网　　址：www.book001.com
电子邮箱：xueyuanpress@163.com
联系电话：010-67601101（营销部）、010-67603091（总编室）
印 刷 厂：中煤（北京）印务有限公司
开本尺寸：889 mm × 1194 mm　　1/16
印　　张：8.5
字　　数：112 千字
版　　次：2024 年 1 月第 1 版
印　　次：2024 年 1 月第 1 次印刷
定　　价：98.00 元

《中华冰雪文化图典》编委会

主　编：张小军　洪文雄

副主编：方　征　雷建军

编　委：（按姓氏笔画排序）

王卫东　王建民　王建新　王铁男　扎西尼玛
方　征　白　兰　吕　植　任昳霏　任德山
李作泰　李　祥　杨宇菲　杨福泉　吴雨初
张小军　单兆鉴　居·扎西桑俄　洪文雄
洛桑·灵智多杰　高煜芳　郭　净　郭　磊
萧泳红　章忠云　梁君健　董江天　雷建军
潘守永

人类的冰雪纪年与文化之道（代序）

　　人类在漫长的地球演化史上一直与冰雪世界为伍，创造了灿烂的冰雪文化。在新仙女木时期（Younger Dryas）结束的1.15万年前，气候明显回暖，欧亚大陆北方人口在东西方向和南北方向形成较大规模的迁徙。从地质年代上，可以说1.1万年前的全新世（Holocene）开启了一个气候较暖的冰雪纪年。然而，随着工业革命以来人类对自然环境的破坏，"人类世（The Anthropocene）"概念惨然出现，带来了又一个新的冰雪纪年——气候急剧变暖、冰雪世界面临崩陷。人类世的冰雪纪年与人类活动密切相关，英国科学家通过调查北极地区海冰融化的过程，预测北极海冰可能面临比以前想象更严峻的损失，最早在2035年将迎来无冰之夏。197个国家于2015年通过了《巴黎协定》，目标是将21世纪全球气温升幅限制在2℃以内。冰雪世界退化是人类的巨大灾难，包括大片土地和城市被淹没，瘟疫、污染等灾害大量出现，粮食危机和土壤退化带来生灵涂炭。因此，维护世界的冰雪生态，保护人类的冰雪家园，正在成为全世界的共识。

　　中华大地拥有世界上最为丰富的冰雪地理形态分布，中华冰雪文化承载了几千年来博大精深的优秀传统文化，蕴含着人类冰雪文化基因图谱。在人类辉煌的冰雪文明中，中华冰雪文化是生态和谐的典范。文化生态文明的核心价值是人类与自然之间的文化多样性共生、文化尊重与包容。探讨中华冰雪文化的思想精髓和人文精神，乃是冰雪文化研究的宗旨与追求。《中华冰雪文化图典》是第一次系统研究中华冰雪文化的成果，分为中华冰雪历史文化、雪域生态文化和冰雪动植物文化三个主题共15本著作。

一

中华冰雪历史文化包括古代北方的冰雪文化、明清时期的冰雪文化、民国时期的冰雪文化、冰雪体育文化和中华冰雪诗画。

古代北方冰雪文化的有据可考时在旧石器时代晚期到新石器时代前期。在贝加尔湖到阿尔泰山的欧亚大陆地区，曾发现多处描绘冰雪狩猎的岩画。在青藏地区以及长白山和松花江流域等东北亚地区，也发现了许多这个时期表现自然崇拜和动植物生产的岩画。考古学家曾在阿勒泰市发现了一幅约1万年前的滑雪岩画，表明阿勒泰地区是古代欧亚大陆冰雪文化的重要起源地之一。关于古代冰雪狩猎文化，《山海经·海内经》早有记载，且见于《史记》《三国志》《北史》《通典》《隋书》《元一统志》等许多古籍。古代游牧冰雪文化在新疆的阿尔泰山、天山、喀喇昆仑山三大山脉和准噶尔、塔里木两大盆地尤为灿烂。丰富的冰雪融水和山地植被垂直带形成了可供四季游牧的山地牧场，孕育了包括喀什、和田、楼兰、龟兹等20多个绿洲。古代冰雪文化特有的地缘文明还形成了丝绸之路和多民族交流的东西和南北通道。

明清时期冰雪文化的特点之一是国家的冰雪文化活动，特别是宫廷冰嬉，逐渐发展为国家盛典。乾隆曾作《后哨鹿赋》，认为冰嬉、哨鹿和庆隆舞三者"皆国家旧俗遗风，可以垂示万世"。冰嬉规制进入"礼典"则说明其在礼乐制度中占有重要位置。乾隆还专为冰嬉盛典创作了《御制冰嬉赋》，将冰嬉归为"国俗大观"，命宫廷画师将冰嬉盛典绘成《冰嬉图》长卷。面对康乾盛世后期的帝国衰落，如何应对西方冲击，重振国运，成为国俗运动的动力。然而，随着国运日衰，冰嬉盛典终在光绪年间寿终正寝，飞驰的冰刀最终无法挽救停滞的帝国。

民国时期的冰雪文化发生在中国社会的巨大转型之下，尤其体现在近代民族主义、大众文化、妇女解放和日常生活之中。一些文章中透出滑冰乃"国俗""国粹"之民族优越感，另一类滑冰的民族主义叙事便是"为国溜冰！溜冰抗日！"使我们看到冰雪文化成为一种建构民族国家的文化元素。与之不同，在大众文化领域，则是东西方文化非冲突的互融。如北平的冰上化装舞会等冰雪文化作为一种日常生活的文化实践，在东方与西方、传统与现代、精英与百姓、国家与民众的文化并接过程中扮演了重要的角色，形成了中西交融、雅俗共赏、官民同享的文化转型特点。

近代中国社会经历了殖民之痛，一直寻求着现代化的立国之路。新文化运动后，舶来的"体育"概念携带着现代性思想开始广泛进入学校。当时清华大学、燕京大学、南开大学等均成立了冰球队，并在与外国球队比赛中取得不俗战绩。1949年新中国成立后，"发展体育运动，增强人民体质"成为"人民体育"发展的基本原则，广泛推动了工人、农民和解放军的冰雪体育，为日后中国逐渐跻身冰雪体育强国奠定了基础。

中华冰雪诗画是一道独特的风景线。早在新石器和夏商周时代，已经有了珍贵的冰雪岩画。唐宋诗画中诗雪画雪者很多，唐代王维的《雪中芭蕉图》是绘画史上的千古之争，北宋范宽善画雪景，世称其"画山画骨更画魂"。国家兴衰牵动许多诗画家的艺术情怀，如李白的《北风行》写出了一位思念赴长城救边丈夫的妇人心情："……箭空在，人今战死不复回。不忍见此物，焚之已成灰。黄河捧土尚可塞，北风雨雪恨难裁。"表达了千万个为国上战场的将士家庭，即便能够用黄土填塞黄河，也无法平息心中交织的恨与爱。

二

雪域生态文化包括冰雪民族文化、青藏高原山水文化、卡瓦格博雪山与珠穆朗玛峰。

中华大地上有着世界之巅珠穆朗玛峰和别具冰雪文化生态特点的青藏雪域高原；有着西北阿尔泰、天山山脉和祁连山脉；有着壮阔的内蒙古草原和富饶的黑山白水与华北平原；有着西南横断山脉。雪域各族人民在广袤的冰雪地理区域中，创造了不同生态位下各冰雪民族在生产、生活和娱乐节庆等方面的冰雪文化，如《格萨尔》史诗生动描述的青稞与人、社会以及多物种关系的文化生命体，呼唤出"大地人（autochthony）"的宇宙观。

青藏高原的山水文化浩瀚绵延，在藏人的想象中，青藏高原的形状像一片菩提树叶，叶脉是喜马拉雅、冈底斯、唐古拉、巴颜喀拉、昆仑、喀喇昆仑和祁连等连绵起伏的山脉，而遍布各地的大大小小的雪山和湖泊，恰似叶片上晶莹剔透的露珠，在阳光的照耀下熠熠生辉。青藏高原上物种丰富的生态多样性体现出它们的"文化自由"。人类学家卡斯特罗（E. de Castro）曾提出"多元自然论（multinaturalism）"，反思自然与文化的二元对立，强调多物种在文化或精神上的一致性，正是青藏高原冰雪文化体系的写照。

卡瓦格博雪山（梅里雪山）最令世人瞩目的是其从中心直到村落的神山体系。如位于卡瓦格博雪峰西南方深山峡谷中的德钦县雨崩村，是卡瓦格博地域的腹心地带，有区域神山3座，地域神山8座，村落神山15座。卡瓦格博与西藏和青海山神之间还借血缘和姻缘纽带结成神山联盟，既是宗教的精神共同体，也是人群的地域文化共同体。如此无山不神的神山体系，不仅是宇宙观，也是价值观、生活观，是雪域高原人类的文明杰作。

珠穆朗玛峰白雪皑皑的冰川景观，距今仅有一百多万年的历史。然而，近半个世纪来，随着全球变暖，冰川的强烈消融向人类敲响了警钟。从康熙年间（1708—1718）编成《皇舆全览图》到珠峰出现在中国版图上，反映出中西方相遇下的帝国转型和主权意识萌芽。从西方各国的珠峰探险，到英国民族主义的宣泄空间，再到清王朝与新中国领土主权与尊严的载体，珠峰"参与"了三百年来人与自然、科技与多元文化的碰撞，成为世人瞩目的人类冰雪文化的历史表征。今天，世界屋脊的自然生态和文化生态保护形势异常严峻，拉图尔（B. Latour）曾经这样回答"人类世"的生态难题：重新联结人类与土地的亲密关系，倾听大地神圣的气息，向自然万物请教"生态正义（eco-justice）"，恭敬地回到生物链上人类应有的位置，并谦卑地辅助地球资源的循环再生。

三

冰雪动植物文化包括青藏高原的植物、猛兽以及牦牛、藏獒、猎鹰与驯鹿。

青藏高原的植物充满了神圣性与神话色彩。如佛经中常说到睡莲，白色睡莲象征慈悲与和平，黄色睡莲象征财富，红色睡莲代表威权，蓝色睡莲代表力量。青藏高原共有维管植物1万多种，有菩提树、藏红花、雪莲花、格桑花等国家一级保护植物和珍贵植物品种。然而随着环境的恶化和滥采乱挖，高原的植物生态受到严重威胁，令人思考罗安清（A. Tsing）在《末日松茸》中提出的一个严峻问题：面对"人类世"，人类如何"不发展"？如何与多物种共生？

在青藏高原的野生动物中，虎和豺被世界自然保护联盟列为等级"濒危"的物种，雪豹、豹、云豹和黑熊被列为"易危"物种。在"文革"期间及其之后的数十年中，高原猛兽一度遭到大肆捕杀。《可可西里》就讲述了巡山队员为保护藏羚羊与盗猎分子殊死战斗的故事，先后获得第17届东京国际电影节评委会大奖以及金马奖和金像奖，反映出人们保护人类冰雪动物家园的共同心向。

大约在距今200万年的上新世后半期到更新世，原始野牦牛已经出现。而在7300年前，野牦牛被驯化成家畜牦牛，成为人类生产、生活的重要伙伴。《山海经·北山经》有汉文关于牦牛最早的记载。牦牛的神圣性体现在神话传说中，如著名的雅拉香波山神、冈底斯山神等化身为白牦牛的说法；中华民族的母亲河长江，藏语即为"母牦牛河"。

青海藏南亚区位于青藏高原东南部边缘，地形复杂，多南北向深切河谷，植被垂直变化明显，几百种鸟类分布于此。特别在横断山脉及其附近高山区，存在部分喜马拉雅—横断山区型的鸟类，如雉鹑、血雉、白马鸡、棕草鹛、藏鹀等。1963年，中国科学院西北高原生物研究所科考队在玉树地区首次采集到两号藏鹀标本。目前，神鸟藏鹀的民间保护已经成为高原鸟类保护的一个典范。

在欧亚草原游牧生活中，猎鹰不仅是捕猎工具，更是人类情感的知心圣友。哈萨克族民间信仰中的"鹰舞"就是一种巴克斯（巫师）通鹰神的形式。哈萨克族人民的观念当中，鹰不能当作等价交换的物品，其价值是用亲情和友情来衡量的。猎鹰文化浸润在哈萨克族、柯尔克孜族牧民的生活中，无论是巴塔（祈祷）祝福词，还是婚礼仪式，以及给孩子起名，或欢歌乐舞中，都有猎鹰的影子。

驯鹿是泰加林中的生灵，"使鹿鄂温克"在呼伦贝尔草原生存的时间已有数百年。目前，北极驯鹿因气候变暖而大量死亡，我国的驯鹿文化也因为各种环境和人为原因而趋于消失，成为一种商业化下的旅游展演。费孝通的"文化自觉"，正是对禁猎后的鄂伦春人如何既保护民族文化又寻求生存发展所提出的："文化自觉"表达了世界各地多种文化接触中引起的人类心态之求。"人类发展到现在已开始要知道我们各民族的文化是哪里来的？怎样形成的？它的实质是什么？它将把人类带到哪里去？"

相信费孝通的这一世纪发问，也是对人类世的冰雪纪年"怎样形成？实质是什么？将把人类带向哪里？"的发问，是对人类冰雪文化"如何得到保护？多物种雪域生命体系如何可持续生存？"的发问，更是对人类良知与人性的世纪拷问！

《中华冰雪文化图典》丛书定位于具有学术性、思想性的冰雪文化普及读物，尝试展现中华优秀传统冰雪文化和冰雪文明的丰厚内涵，让"中华冰雪文化"成为人类文化交流互通的使者，将文明对话的和平氛围带给世界。以文化多样性、文化共生等人类发展理念促进人类和平相处、平等协商，共同建立美好的人类冰雪家园。

本丛书由清华大学社会科学学院人类学与民族学研究中心组织的"中华冰雪文化研究团队"完成。为迎接2022年北京冬季奥运会，2021年底已先期出版了精编版四卷本《中华冰雪文化图典》和中英文版两卷本《中华冰雪运动文化图典》。本丛书前期得到北京市社科规划办、清华大学人文振兴基金的支持，谨在此表示衷心的感谢！并特别向辛勤付出的"中华冰雪文化研究团队"全体同人、学苑出版社的编辑人员表示深深的谢意！感谢大家共同为中华冰雪文化研究做出的努力和贡献！

张小军

于清华园

2023年10月

目 录

前　言 … 001

第一章　鹰与狩猎 … 002
　　第一节　鹰与猎鹰 … 003
　　第二节　狩猎与游牧民 … 006

第二章　驯养猎鹰 … 012
　　第一节　驯鹰过程 … 012
　　第二节　驯鹰工具 … 035
　　第三节　猎人与猎鹰 … 047

第三章　鹰猎活动 … 058
　　第一节　猎手的伙伴和助手 … 058
　　第二节　架鹰出猎 … 067
　　第三节　猎鹰与猎物 … 073
　　第四节　鹰猎活动的习俗 … 076
　　第五节　鹰猎活动与服饰 … 080

第四章　猎鹰的象征意涵　　　　　　　　　　084

第一节　猎鹰成为文化形象和文化符号　　　084
第二节　猎鹰的故事与传说　　　　　　　　087
第三节　猎鹰的艺术表现　　　　　　　　　090
第四节　猎鹰文化节　　　　　　　　　　　095
第五节　猎鹰回归自然　　　　　　　　　　116

结　语　　　　　　　　　　　　　　　　　119

前　言

　　我们以对于中国新疆哈萨克、柯尔克孜、塔吉克等民族与鹰有关的田野民族志研究为基础，参考东北等其他地方和欧亚草原的鹰猎习俗，将游牧民族驯鹰、狩猎等与猎鹰相关的生产和生活作为重点，也关注到有关猎鹰的拟态舞蹈和其他艺术表现，从游牧民与鹰的关系，对于鹰的认识、理解和想象，凸显出他们的宇宙观，从而说明鹰与人类之间的密切关系。

　　在欧亚草原游牧民游牧生活中，人类驯化了鹰，并用猎鹰作为捕猎的助手。游牧民所秉持的这样一种人与动物间的特殊关系，是人类对生态环境的一种认识、理解和处理过程。通过这个独特的视角可以更好地透视人与自然之间的关系，重新思考人类与动物的关系。游牧民在驯化鹰和用鹰捕猎的过程中，赋予鹰特殊的地位，也塑造了游牧民社会中鹰的独特象征意义。人类与鹰的相处、信任和依赖，与自然构成了一种过程性关系，值得关注和研究，也有必要让更多的人来了解。

王建民

2021 年 11 月

第一章
鹰与狩猎

鹰的捕食之快、力量之大是其他飞禽所不可比的；鹰性情凶猛，体形硕大，视力极佳，具有极强的飞行能力，能够从高空俯冲而下，也能盘旋许久。正是这样的独特性，让凶猛的野狼也不是它的对手，因此它也成了人们崇拜的对象，被赋予了神圣性。有学者推断，鹰崇拜正是狩猎文化的产物。

▼ 图1-1
可可托海牧场冬季景色（阿勒泰地区富蕴县，金钧 摄影）

△ 图1-2 雪景
（阿勒泰地区富蕴县，金钧摄影）

哈萨克、柯尔克孜、塔吉克等民族在历史上均属游牧民族，或以半农半牧生计方式为生。但到近代之后，只有中国新疆阿勒泰地区阿尔泰山山区、伊犁地区天山山区、克孜勒苏柯尔克孜自治州阿合奇县等地哈萨克族与柯尔克孜族牧民，至今还保留着驯化并使用鹰来狩猎的习俗，另外在中国东北的少数村屯也有一些驯养鹰为猎的家户。通过对于猎鹰习俗的田野调查，我们对这一生活于冰雪文化区的游牧民族所特有的生产生活习俗有了更多的认识和理解。

第一节　鹰与猎鹰

鹰科是脊索动物门鸟纲今鸟亚纲鹰形目中的一个科，是鹰形目鸟类最大的科之一。鹰科鸟类大小、习性差异很大，有大型和凶猛的猛禽，也有小型的猛禽。比如，食腐肉的兀鹫、食鸟类的雀鹰、食兽类

猎鹰与鹰猎

◁ 图 1-3　猎鹰
（哈依达尔别克·吾拉什汗 摄影）

的角雕、食鱼的渔雕、食爬虫的蛇雕、食昆虫的蜂鹰、食水果的棕榈鹫和专食蜗牛的蜗鸢等。鹰科可进一步划分为10亚科63属236种。据统计，我国有6个亚科20属46种。

鹰科的鸟类一般都俗称为"鹰"。有时将体形较大的称为"雕"，体形较小的称为"鹞"。鹰科食肉鸟类有肉质蜡膜，位于鸟喙的末端，一般为黄色，也有的是蓝色或者红色的。鹰科种类中通常被驯养为猎鹰的主要是苍鹰、雕、隼三种。其中，苍鹰、金雕和游隼是很多欧亚草原游牧民喜欢驯养的品种。

鹰通常生长生活在欧亚草原地带的崇山峻岭之中，这些地方海拔通常在1500—3000米，10月后半月至次年4月前半月是这些地带气候寒冷、积雪深厚的时段。每年3月份，尽管附近的河谷、丘陵和戈壁平原地带会入春，积雪开始融化，小草开始发芽，但这个时段的高山区域地面还盖着一层厚厚的白雪"被褥"，这正是鹰交尾的时间。据猎手讲，鹰一般会在3月交尾。它们对交尾的环境非常讲究，不会随时随地进行，会选择无积雪地带或在山峰无雪的平面大石块上，交尾后大概3个月下蛋。据介绍，下蛋之前，雌鹰会在巢里垫放一些非常柔软的草类植物，但绝不会用毛类，而且垫物被放得非常平稳，这是鹰的一种习惯。

鹰作为肉食动物，在野外时小到老鼠、大至野狼均能捕获，且因独特的野性，遇到猎物反抗时也不会轻易放弃，哪怕自己会因此受伤甚至丧命。正因如此，人才会希望借助它的力量对抗其他动物，希望驯服它为自己所用，甚至崇拜并敬仰它。

第二节　狩猎与游牧民

中国古代就有很多有关驯鹰和鹰猎的记载。最早可以追溯到春秋年间，有楚文王用鹰犬狩猎的记述。而后有人将驯鹰的经验整理成书，成为驯鹰指南，设立了驯鹰的专门机构。随着文化交往交流的加深，在汉文典籍中也有了北方少数民族驯鹰的记载。据记载，辽天祚帝耶律延禧（1075—1128）因逼迫女真人捕捉和进贡海东青，激发了女真人的反抗，并攻克辽京，建立了金王朝。女真人和建立清王朝的满族人驯养海东青狩猎，蒙古人甚至驯养白鹰、金雕和苍鹰用于作战。

现代畜牧业产生之前，狩猎业是游牧民经济生活的重要构成部分。游牧民狩猎的目的不仅是获得各种珍贵的兽皮、增加肉食和保护

▼图1-4
哈萨克族人架着猎鹰搬迁
（阿勒泰地区青河县，哈帕孜·恰合班　摄影）

牲畜，还能达到取乐解闷、锻炼身体的目的。在这个过程当中，猎鹰作为游牧民的狩猎工具，鹰猎者的首要任务是掌握猎鹰的习性，这是整个鹰猎活动的前提条件。掌握了野禽的习性，不仅使它们被人驯化为人们的狩猎工具，而且可成为狩猎伙伴。

人类从狩猎经济发展到游牧养畜业，经历了一个漫长的历史过程，其中狩猎对古代的游牧民族的经济生活曾起过举足轻重的作用。在畜牧业作为主要生计来源的同时，哈萨克族、柯尔克孜族民众的经济生活在相当程度上也依赖于狩猎业，过去塔吉克族人也有冬季狩猎的习俗，驯养的猎鹰也在其中扮演着重要的角色。鹰猎分为单人出猎、双人行猎和集体围猎三种形式。比如，哈萨克族鹰猎活动中的"萨勒布仁"，即由多名鹰猎爱好者组成一个团，架猎鹰出猎，也就是鹰猎团。

过去，哈萨克族人的狩猎目的有以下五个方面：第一，猎捕水獭、貂、猞猁、狐狸、沙狐等动物，获得各种珍贵的兽皮；第二，猎捕大头羊、黄羊、野马、野鸭、野鸡等动物，增加肉食；第三，猎捕鹿、羚羊等动物，获得珍贵药材；第四，捕杀熊、虎、狼和野猪等动物，保护牲畜；第五，通过狩猎也可达到取乐解闷、锻炼身体的目的。同时，勤劳勇敢的草原游牧民在长期与野兽搏斗中积累了丰富的经验和不少行之有效的狩猎方法，如挖陷阱、安放捕兽夹子、挂捕兽网、装自动弓箭、挂各种套绳、射箭、用快马猎犬和驯养各种猛禽捕猎野兽等，从而提高了他们捕捉野兽、除害保畜的效果。其中，驯养各种猛禽和其他飞禽，是哈萨克族人民狩猎技术中不可缺少、且最富有民族特色的一个组成部分。[1]

游牧民通过鹰猎获取的各种珍贵兽皮，如水獭皮、猞猁皮、狐狸皮等，他们将其带到牧区附近的集市换取游牧必需品和生活用品，或用以交换牲畜，还可用以缝制服饰驱寒保暖。据阿勒泰地区的哈萨克族老猎手讲，早年是用物换物，一张狐狸皮可换一只小羊。20世

---

[1] 拜山·纳马兹别克：《哈萨克放猎鹰初探》，《伊犁师范学院学报》1994年第4期。

图 1-5 哈萨克族的鹰猎团
(哈帕孜·恰合班 摄影)

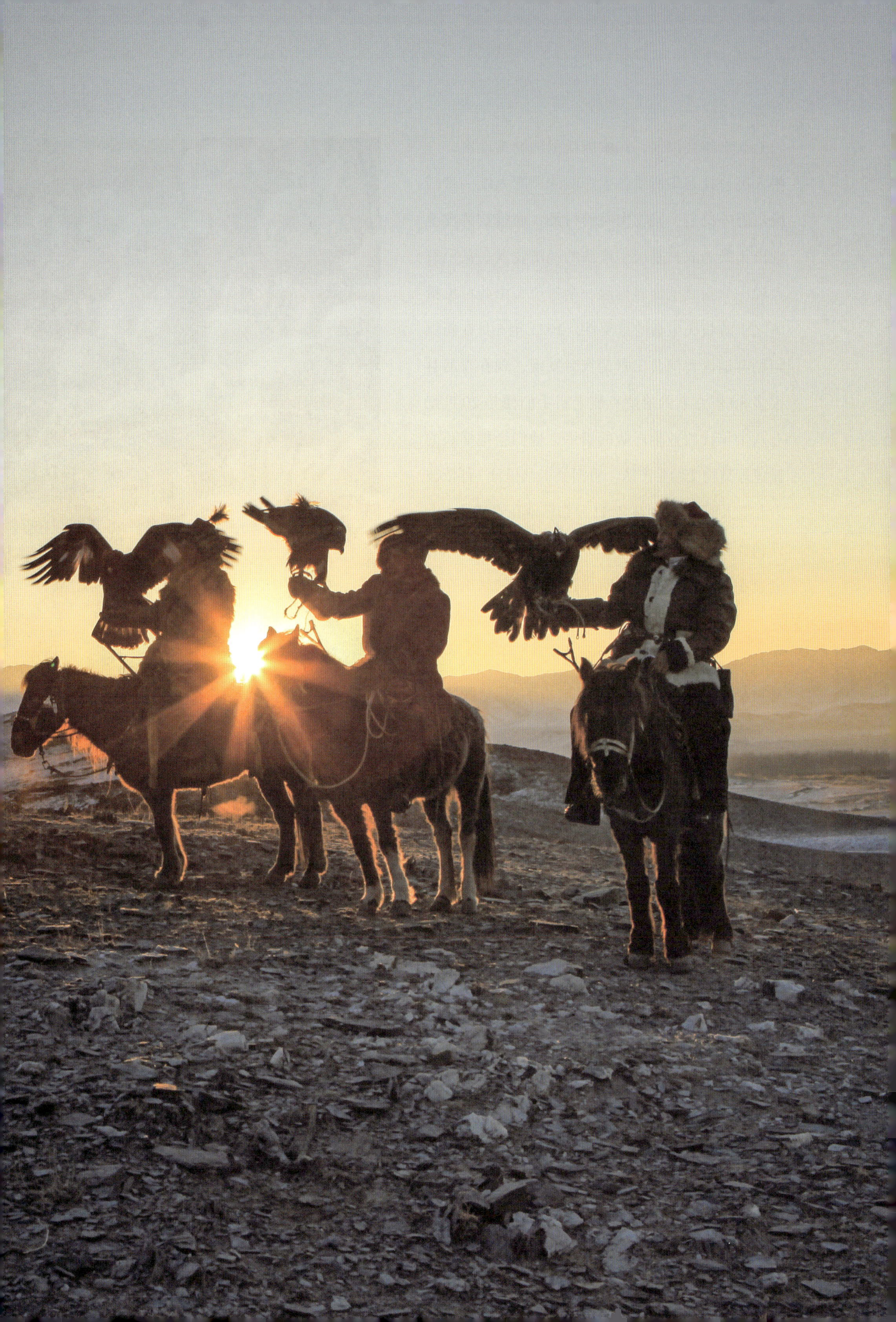

纪七八十年代以前，在中国新疆阿勒泰地区，一些人民公社召集所属各生产队的驯鹰人统一带猎鹰出野外狩猎，猎物肉补给村民，而猎物的皮毛则出售换为农村基层生产队的经济收入，甚至有人说一只猎鹰就能养得起一个村庄，由此可见猎鹰之于游牧民生活的重要性。2021年6月在新疆阿勒泰地区青河县田野调查时发现，现在青河县很多80岁左右的哈萨克族老猎手们便是20世纪七八十年代牧业生产队的猎手，他们会把捕获的狐狸等猎物交给生产队。青河县卡马里汗·拜依波力森老人回忆[1]，1974年11月初，他在青河县查干郭勒乡的一个牧业村里拜访了当年牧业生产队的老猎手塔吾巴。之前就听说过老猎手的猎鹰在还没下雪时就能捕猎了。一般鹰猎活动要在下雪后才开始，因为红色的狐狸在白色的雪上逃跑很容易被猎鹰发现。卡马里汗对老猎手说："我能试一下您的鹰猎吗？"他说："没有问题。"二人便来到名为哈拉托别的山上，老猎手把猎鹰放在山上，自己在山坡找猎物，呼喊了一下，赶出来了一只狐狸，他的猎鹰很快就把它抓获了。前后不到几个小时，卡马里汗亲眼见识到老猎手的鹰猎本领。

1　访谈对象：卡马里汗·拜依波力森，男，哈萨克族，90岁，阿勒泰地区青河县退休干部，2021年6月12日访谈。

△ 图 1-6　哈萨克族驯鹰师和观众们（青河县阿肯阿依特斯大会，哈帕孜·恰合班 摄影）

第二章
驯养猎鹰

鹰是一种凶猛而灵敏的动物，要它听从人的指挥，使其驯服，不是一件容易的事。驯鹰人在长期驯鹰的过程中，摸索出了一套独特而有趣的方法，将鹰驯化成为猎人最好的帮手。驯鹰人将鸟中之王驯化于手中，并使其成为亲密无间的伙伴，可谓是一种超群的技能。掌握鹰的习性是猎手们必备的基础，也是捕鹰、驯鹰，以及鹰猎活动的前提，主要涉及对鹰的生长环境、生长周期和鹰的行为方式的观察和认识。

第一节　驯鹰过程

（一）品鉴

千余年的驯鹰历史使驯鹰人积累了非常丰富的经验，通过鹰爪、毛色等便能迅速判断出鹰的品种、年龄和性别等，比如雏鹰时期的鹰爪呈鲜黄色。

青河县查干郭勒乡博塔莫音村的牧民吐肯·达乌提汗和阿尕什敖

▲ 图 2-1 70 天的幼鹰
（哈帕孜·恰合班 摄影）

▲ 图 2-2 70 天的幼鹰
（哈帕孜·恰合班 摄影）

包乡库伦托别村村民角勒巴尔斯·黑达尔[1]说，哈萨克族人对不同年齿的鹰有特定的称呼，6 岁是生育年龄，鹰 6 岁开始繁殖下蛋，到了 7 岁之后，就会将鹰放归自然。如果 7 岁之后再分年龄的话，那就以鹰的掉毛次数来记录年龄，鹰一般一年掉毛一次，掉毛一次代表长了 1 岁。野外生存的鹰的年龄也是用掉毛的次数来分，最长有 30 次掉毛。驯鹰师们通过鹰的毛色就可以判断出鹰的年龄，1 到 6 岁的鹰毛色带白色，1 岁鹰身上的白色毛绒最多，之后它身上的白毛随着年龄增加慢慢消失，到生育年龄 6 岁开始，身上的白毛基本上消失，都变成棕色或者黑色，这代表它已经成长了，到产卵出幼鸟的年龄了。

---

1 访谈对象：吐肯·达乌提汗，男，哈萨克族，64 岁，阿勒泰地区青河县查干郭勒乡博塔莫音村的牧民，2021 年 5 月 28 日访谈；角勒巴尔斯·黑达尔，男，哈萨克族，76 岁，阿勒泰地区青河县阿尕什敖包乡库伦托别村村民，2021 年 6 月 13 日访谈。

◁ 图2-3　1岁的猎鹰

（哈帕孜·恰合班　摄影）

◁ 图2-4　2岁的猎鹰

（哈帕孜·恰合班　摄影）

猎鹰与鹰猎

△ 图2-5 4岁的猎鹰（哈帕孜·恰合班 摄影）

▽ 图2-6 5岁的猎鹰（哈帕孜·恰合班 摄影）

△ 图 2-7　6 岁的猎鹰（哈帕孜·恰合班　摄影）

▽ 图 2-8　7 岁的猎鹰（哈帕孜·恰合班　摄影）

△ 图2-9 8岁的猎鹰
（哈帕孜·恰合班 摄影）

金雕双翼强大，嘴呈钩状，趾具钩爪，擅长从地面捕捉大型猎物。游隼，飞行速度很快，嘴、爪弯曲而尖锐，喜欢在空中滑翔，善于俯冲捕捉猎物。金雕和游隼各有特色和妙用，哈萨克驯鹰师们凭各自的爱好、特色、专长和需要来选择金雕或游隼等作为猎鹰。[1]

哈萨克族人在判断猎鹰的好坏时有几种标准，比如眼眶较低、眼睛小、爪大之鹰被视为好鹰，叫作金鹰。有这些特征且额头毛从中间岔开，具有白鼻梁的鹰是鹰中之鹰，是非常罕见、凶猛而强悍的猎鹰，是不惧怕任何猎物的白鼻梁金鹰。另外，胸部宽大、胸前凸、爪底厚也是好鹰的一种标志。

据老猎手讲，绝大多数金鹰为母鹰，母鹰相比公鹰要更强壮，它不仅能捕获猎物保障自己的生存，还能承担幼鹰的抚育责任；少数情况下，公鹰中也会有金鹰出现。

哈萨克驯鹰师们大体上将新疆北部的鹰分为四个品种，认为不同区域的鹰具有不同的外貌特征和品性。整体而言，青河县和富蕴县的

---

[1] 拜山·纳马兹别克：《哈萨克放猎鹰初探》，《伊犁师范学院学报》1994年第4期。

图2-10 伊犁尼勒克县牧民架鹰展示（崔斌 摄影）

驯鹰师都认同四种分类：第一种多在阿勒泰地区富蕴县一带，十分俊美，被认为是鹰中极品，其羽翼中带点白色，眼眶深，腿部粗壮，爪子有时呈白色且曲度小，狩猎能力非常强；第二种分布在乌鲁木齐一带，其鼻梁、眼眶、羽翼等较第一种稍有逊色；第三种分布在阿勒泰地区吉木乃县一带，这种鹰的狩猎能力要弱一点；第四种分布在阿勒泰地区哈巴河一带，其眼睛呈偏黄色。

在我国东北，对于海东青这一个猎鹰品种也有细致的划分。根据其羽毛的颜色，极品的海东青叫作"白玉爪"，又叫"白鹰"，白色的海东青非常稀有，至尊至贵，是喜庆、吉祥的象征；第二类是"白顶"，头和脖处洁白，尾羽也呈白色，其他部位呈灰黑色；第三类是"花豹"，羽毛上布满了花点；第四类是比较多的"虎子"，羽毛略呈微黄或斑黄，或称"黄鹰"。[1]

---

1 曹保明：《最后一个猎鹰人：东北鹰猎赵氏家族》，世界知识出版社，2006年，第39-42页。

（二）捕获

《中华人民共和国野生动物保护法》自1989年3月1日起实施，其中明确规定："禁止猎捕、杀害国家重点保护野生动物。因科学研究、种群调控、疫源疫病监测或者其他特殊情况，需要猎捕国家一级保护野生动物的，应当向国务院野生动物保护主管部门申请特许猎捕证；需要猎捕国家二级保护野生动物的，应当向省、自治区、直辖市人民政府野生动物保护主管部门申请特许猎捕证。"

随着近年来野生动物保护行动的加强，如今已经很少有人再去捕鹰了，但通过一些珍贵的影像资料及驯鹰人的访谈，我们依旧可以描述出驯鹰人第一次是如何捕获鹰的。

捕鹰、驯鹰和放鹰是人类狩猎实践中的一门古老技艺。哈萨克族人把驯鹰师叫作"husbek"（库斯别克）："hus"泛指所有的鸟类；"bek"是指做某种事的人，就是指从事驯鸟的人。

一般而言，抓获鹰的方式有两种：一种是从鹰巢中掏出中意的雏鹰（后简称"雏鹰"）；另一种是在野外设陷阱捕获的成体鹰（后简称"野鹰"）。每个驯鹰人都可以根据自己的偏好选择捕鹰方式。捕鹰工具都是纯手工制作的，对捕鹰者本身的保护装置十分简易，故而整个过程充满不确定性和风险性。

1. 从鹰巢中掏得雏鹰

从鹰巢中抓获小鹰相对比较简单。鹰巢常常建在悬崖峭壁上，以防止人类和其他天敌的侵袭。鹰也不会使自己的排泄物污染鹰巢及其附近，一方面是为了保持干净，另一方面也是为了避免排泄物附着在山石上而暴露自己的地盘。阿勒泰地区富蕴县库尔特乡布拉特村驯鹰师吉肯·托合塔木拉提[1]说，想顺利找到一个鹰巢，且安全抵达并取走

---

1 访谈对象：吉肯·托合塔木拉提，男，哈萨克族，49岁，阿勒泰地区富蕴县库尔特乡布拉特村牧民，2021年3月16日访谈。

△ 图2-11 从鹰巢中掏雏鹰（哈帕孜·恰合班 摄影）

其中一只雏鹰并非易事。小鹰破壳出生20天后，猎人们通常到事先已经找到和定位的鹰巢中取走小鹰。从鹰巢中掏出雏鹰来加以驯养成猎鹰是哈萨克族人惯用的获取猎鹰的方法。

阿勒泰地区青河县查干郭勒乡博塔莫音村驯鹰师吐肯·达乌提汗老人讲：[1]首先，要长期观察鹰的品种，这是鹰巢中掏雏鹰的前期工作，驯鹰人从冬季开始留心看好哪一座山上盘旋着什么样的鹰。衡量确定好品种之后，才能从鹰巢中掏雏鹰。一般驯鹰人多喜欢捕捉金雕或游隼幼鸟。去鹰巢捕获雏鹰的优势在于雏鹰更易于驯养，相应的困难之处则是需要从零起步教学如何狩猎。

其次，要确定鹰巢里有没有鹰蛋。据驯鹰师们[2]讲，因为鹰和其他鸟类不同，鹰的分娩时间非常短，如果只在一个地方建鹰巢，鹰要下蛋时可能就来不及飞到鹰巢，因此，鹰会在活动范围内建很多鹰巢，如在所居山峰两侧的悬崖峭壁上各建一个鹰巢。这样做的好处在于，一方面给自己下蛋带来方便，另一方面防止蛋被偷或被破坏。据老驯鹰师们讲，如果今年一旦被偷，来年它会去另一侧的鹰巢下蛋，甚至有时会遗弃这两个鹰巢，另选其他悬崖峭壁去建巢。

从鹰巢中掏雏鹰时，驯鹰师爬山观察鹰巢时，需要在鹰巢的背阴边，这样就不会使人影落在鹰蛋上。驯鹰师认为，鹰蛋跟其他鸟蛋不同，鹰蛋就像照相机一样，会"拍"下人影，母鹰归巢时通过鹰蛋上是否有人影，便可判断是否有人类或其他物种靠近过鹰巢。如果母鹰发现有影子，就会放弃鹰蛋。

驯鹰师确认鹰巢里有鹰蛋后继续观察，一般40天左右雏鹰便会孵出，小鹰破壳出生20天后就可从鹰巢中掏出。一般鹰巢会有两只或三只雏鹰，驯鹰师说，鹰所产的卵数越少越出好鹰，产一个卵为最

---

[1] 访谈对象：吐肯·达乌提汗，男，哈萨克族，64岁，阿勒泰地区青河县查干郭勒乡博塔莫音村牧民，2021年5月28日访谈。

[2] 访谈对象：吐肯·达乌提汗，男，哈萨克族，64岁，阿勒泰地区青河县查干郭勒乡博塔莫音村的牧民，2021年5月28日访谈；访谈对象：角勒巴尔斯·黑达尔，男，哈萨克族，76岁，阿勒泰地区青河县阿尕什敖包乡库伦托别村村民，2021年6月13日访谈。

好。如果产两个卵，那肯定是一大一小，同样，将来所孵出的幼鹰，也是一只大而壮，一只小而弱。小而弱的一般是不太会抓获猎物的公鹰。公鹰和母鹰的体质不一样，母鹰的体质比公鹰强壮，从母鹰中常常能驯养出力大凶猛、善于捕猎的好猎鹰。所以要选择其中的母鹰掏出，再顺利返回便完成了捕鹰。

从鹰巢中掏得雏鹰不是那么容易的。驯鹰师角勒巴尔斯·黑达尔[1]老人回忆起曾经的危险经历：

> 几年前在青河县的萨尔巴斯陶，也就是现在的青河县哈拉苏铜矿附近的山上有一个鹰巢，当时听说很多驯鹰师掏不出里面那一只幼鹰，因为那里的鹰巢在崖壁里很深的地方，非常危险。我为了掏出那只幼鹰专门买了30米长的钢丝绳，再接了20多米粗而长的塑料绳子，在自己的腰上系好，并在同伴的协助下慢慢下坠向鹰巢。下坠7米时，我往上看时感觉石头要掉到头上，心里很害怕就喊着同伴们把我拉上来。我被拉上来之后却又不甘心，因为我们家族祖祖辈辈从事鹰猎，对鹰猎和猎鹰的感情无法用语言表达，对鹰猎的爱好和猎鹰的感情只有我自己知道，因此我们冒着风险决定让我儿子去鹰巢。因为儿子的体重比我轻，我害怕如果我下去的话，同伴们不能将我从50多米长的悬崖下拉上来。我们把绳子系在儿子的腰上，让他慢慢下坠向鹰巢，儿子成功把幼鹰包好，让我们往上拉绳子，结果钢丝绳和塑料绳的连接处夹在石头上拉不上来，儿子在下面鹰巢里喊着，他害怕自己不能上来。我们也很紧张，担心儿子知道真相会十分恐惧，因此一边安抚他，一边自己也在腰间系上绳子下坠至绳结处，我把那段夹住的绳结踢出来，很快同伴们就把绳子拉上来取得

---

[1] 访谈对象：角勒巴尔斯·黑达尔，男，哈萨克族，76岁，阿勒泰地区青河县阿尔什敖包乡库伦托别村村民，2021年6月13日访谈。

△ 图 2-12　鹰巢里的雏鹰
（哈帕孜·恰合班　摄影）

了雏鹰，然后再把绳子放下将儿子拉了上来。儿子被拉上来时，我们都哭了，因为我自己也很紧张，我只有一个儿子，如果为了掏幼鹰而牺牲了儿子，那付出的代价就太大了，亲戚朋友们也骂我。……

鹰等猛禽产卵孵出幼鸟季节，是驯鹰师从鹰巢中掏幼鹰的好时机。冬天开始仔细观察，最后从鹰巢中掏得心仪的幼鹰。驯鹰师们从崖壁的一侧先行爬上崖壁所在的山顶，确定好鹰巢的具体位置后，在腰上系好绳索后在同伴的协助下，慢慢下坠向鹰巢接近，如果此时被母鹰发现，伙伴们就采用各种办法不让母鹰靠近鹰巢攻击捕鹰者。母鹰迫不得已远离鹰巢，捕鹰者乘机抓走幼鹰。这个过程对捕鹰者来说是十分危险的，爱子心切的母鹰会不顾性命与捕鹰者搏斗，其激烈情形往往会使见者动容。从鹰巢掏幼鹰时，一定要做好周密的计划和充分的心理准备，稍有不慎，就会有失足悬崖、葬身深涧的危险。

2. 猎捕野外成体鹰

猎手们猎捕鹰的方法多种多样，据老猎手讲，到野外捕获鹰可以采用张网捕猎、饱食捕猎和安放捕禽夹子、挂各种套绳等多种方式。在野外设陷阱捕获这种方式的好处在于鹰已经学会狩猎了，不需要人为教学，但因这种鹰的野性很强，因而在驯化方面比较吃力。另外，野外设陷阱抓获鹰的方式更像是碰运气，能否抓到鹰、抓到什么样的鹰都充满了各种可能性。有经验的驯鹰师更偏向野外捕鹰，他们认为野鹰比起雏鹰具有更强的飞行能力和捕食能力，且它们较少攻击人和孩子。而从雏鹰成长为猎鹰的，偶尔会有攻击人的情况发生。

（1）张网捕猎

阿勒泰地区青河县查干郭勒乡博塔莫音村的驯鹰师吐肯·达乌提汗讲，[1]张网捕鹰的方法是最安全且最常见的方法之一。

张网捕猎法是驯鹰师捕鹰最有效方法之一，他们根据鹰在捕食时斜下俯冲，叼食后斜上起飞的习惯，采用了用网墙诱捕的方法。他们把事先织好的无顶的围网（麻绳编织）张挂在山上鹰经常栖息的地方。张挂围网高约两米，直径约为两米到两米半，呈圆周形安放在诱获物四周，围网下边稍宽一点、上边稍窄一点为宜。编织围网的多为结实而细的土色绳索，撑住围网的杆子细而少为佳。张挂完毕之后，围网中间放置兔子、狐狸等活的动物或野鸡、野鹅等活的飞禽，有时也可放置肉食之类的"赤尔尕"（诱惑物）用以引诱鹰落网。当鹰在空中发现"赤尔尕"后，俯冲下来，不顾一切地叼起"赤尔尕"猛地向上冲起时，绳网在鹰的冲力下自然收拢，便可捕到鹰。

柯尔克孜族的传统捕鹰方式留传至今，也有着上千年的历史。捕鹰同样需要制作捕鹰网，及活物作为诱惑物。捕鹰的地点需要选在鹰经常出没的地方，要找块平地，挖个土坑，上边用木棍支起坑盖，拴上几只麻雀或野兔作为吸引鹰的诱饵。因为鹰和野兔是天敌，鹰一旦

▶ 图 2-13
驯鹰师吐肯·达乌提汗
（哈帕孜·恰合班 摄影）

---

[1] 访谈对象：吐肯·达乌提汗，男，哈萨克族，64岁，阿勒泰地区青河县查干郭勒乡博塔莫音村的牧民，2021年5月28日访谈。

第二章 驯养猎鹰

发现野兔，就非要逮住它不可。同时在旁边支起一根横杆，上边拴上几只麻雀，再张好网，拉上一根很长的细绳，人躲在一个较为隐蔽的地方，待鹰来袭直奔野兔箭似猛冲下来时，那野兔急忙跳到坑里，坑盖也盖住了。鹰扑了个空，转身向麻雀扑去，这时猛拉长绳，便可用网扣住鹰。

（2）安放捕禽夹子

哈萨克驯鹰师们一旦发现有鹰正在那里享用自己捕获的猎物时，就立刻赶走此鹰，将随身携带的捕禽夹子安放在被鹰捕获的食物旁

△ 图2-14 张网捕猎法
（哈帕孜·恰合班 摄影）

边，然后猎人埋伏在附近，等待那不甘被赶走的鹰返回原处继续享用自己刚刚猎获的食物时，用夹子逮捕它。而对那只鹰来说，它也不会那么轻易地放弃亲手抓获而还未吃够的食物就高飞远走的。对返回原处进食的鹰而言，踩上猎人所安放的捕禽夹子的可能性就很大了。据驯鹰师说，鹰除了在高空边飞翔边寻找捕猎对象，也有总蹲在某一高处一动不动地守候捕猎对象。当捕猎对象出现后再动身飞往高空。驯鹰师们抓住鹰的这一特点，当发现鹰多次蹲守的地点之后，在此处用石块造一个便于鹰蹲的高石堆，上面撒些土、干草之类的东西。过一段时间后，这一石堆就成了鹰蹲守观察捕猎的一个固定场所。驯鹰师趁机在此石堆上面安放捕禽夹子，从而达到捕鹰的目的。

类似地，柯尔克孜族驯鹰师在鹰常出没的山谷里，放置一个专用于猎物的铁钳夹，铁钳的夹口用软物包好，以免让鹰受伤。为引诱鹰，在铁钳夹的两边分别绑上一只幼鹰、一只由野兔皮做的野兔模型。鹰会先飞下来抢幼鹰的食物，发现没有食物，就会扑向一边的野兔模型，在撕扯"野兔"的时候就会被钳子夹住，驯鹰师就捕获了这只鹰。

（3）饱食捕猎

一般一直饥饿的鹰在猎获动物后，会不慌不忙地蹲在原处吃猎物，直到吃饱为止，这时鹰的体重加重，甚至有时可达到不能提身高飞的程度。已掌握鹰这一特性的驯鹰师们，通常找来两只野兔，一只是活的，另一只是死的，把它们拴在一起作为诱饵丢在野鹰所在草原上，让野鹰捕食，乘野鹰饱食之机，驯鹰师们骑上快马向鹰发动猛攻。这时已经饱食的鹰惊慌失措，虽说想飞，无论如何一下子也飞不高、飞不远，被猎人不停地追赶的饱鹰，越飞越累，最终筋疲力尽被猎人所捕获。若是在平原地带，饱食捕猎更加有利。

若被捕获的是又肥又胖且饱食的鹰，那么捕鹰后不立即对其进行一些必要的预防措施，就会出现鹰拉肚子或因消化不良而死掉或变成残疾等情况。在这种情况下，哈萨克驯鹰师们采取如下两种措施：第一，将刚刚捕获的鹰倒挂起用手往下摸其腹部，慢慢挤出鹰胃中的食物；第二，为了预防鹰拉肚子，捕到野鹰后往鹰嘴里塞冰球或雪球，强迫其吞食冰球，没有冰球和雪球的情况下，往鹰嘴里灌凉水以让鹰解渴。这样就可以达到保护和保养初次被捕之鹰的目的。[1]

（三）驯调

完成捕鹰，接下来驯鹰师们的任务就是把它驯化为一只猎鹰。因捕获方式不一样，驯鹰的方式也不一样。鹰的年龄越小，训练难度越小；反之则难度越大。驯鹰的时间少则一个月，多则两三年。所以，驯鹰方法也要根据鹰的实际情况进行。鹰是一种凶猛而灵敏的动物，使其驯化，让它听从驯鹰师的指挥去捕获猎物，并不是一件容易的事，因此，哈萨克族、柯尔克孜族等游牧民的驯鹰过程非常复杂。

1. 雏鹰的驯调

对从巢中抓获的幼鹰来说，驯鹰的关键是让它平安长大，然后驯化它的夜行。猎鹰以其野性而尊贵，丧失野性也就失去了尊贵。鹰属于肉食鸟类，任何一种鹰都会捕杀活体猎物，这是天性。对于雏鹰，在精心喂养、反复放飞的同时，始终对鹰保持温和的态度，千万不能让其受惊，更不可责备成长中的雏鹰，尽量让它多接触人、马、狗等，使其熟悉人所生活的这一特殊环境，以此来建立人与雏鹰之间的感情，保证雏鹰能够无所顾忌地健康成长。等雏鹰长得差不多以后，再对它进行专门的驯练。

据驯鹰师吐肯·达乌提汗讲[2]，驯幼鹰一般分三步：

第一步，用模仿兔子或狐狸而制好的猎物道具来训练。驯鹰师将幼鹰带到白雪覆盖的平原上后，安排伙伴把猎物道具从幼鹰身旁快速拽过，引逗幼鹰去捕猎它。若幼鹰当真去捕猎，驯鹰师立即喂幼鹰吃

---

[1] 拜山·纳马兹别克：《哈萨克放猎鹰初探》，《伊犁师范学院学报》1994年第4期。

[2] 访谈对象：吐肯·达乌提汗，男，哈萨克族，64岁，阿勒泰地区青河县查干郭勒乡博塔音村的牧民，2021年5月28日访谈。

△ 图2-15 伊犁尼勒克县牧民展示驯鹰

（崔斌 摄影）

事先准备好的血淋淋的鲜肉，鲜肉要假装从此猎物道具身上接过来给幼鹰吃，让幼鹰以为自己捕猎成功，得到了犒劳。

第二步，实物实地训练或者对鹰做真正捕猎活动物的驯练。把事先弄残或者把腿绑上的活兔子或活狐狸丢在鹰的眼前。活的动物在鹰眼前挣扎的情境，对以前没有捕猎经验的幼鹰来说，是第一次抓猎物的过程。类似的驯练反复几次之后，下一步就可把健康的兔子或狐狸直接丢在鹰眼前，让鹰去捕猎。经过以上几种驯练，猎鹰基本上懂得该捕猎什么样的动物，不该捕猎什么样动物的区别了。

第三步，跟着其他驯鹰师一起架鹰出猎，跟着经常外出捕猎并有经验的猎鹰学习抓获猎物。其他老猎鹰抓获的猎物（狐狸、兔子）先让幼鹰吃，或者留着半死半活的猎物让幼鹰来杀死，完全驯化它的野性和抓获猎物的能力。

哈萨克族驯鹰师们每次外出狩猎时，无论猎鹰猎捕到怎样的动物，一般都把捕获动物的后腿肉剔下来给猎鹰吃，以此作为对猎鹰的奖励，这对提高猎鹰捕猎的积极性有着不可估量的作用。

2. 野鹰的驯调

对野鹰的驯化培养应从捕获的那一天就开始。人们一般将对鹰的驯调称为"熬鹰"，实际上熬鹰仅对野外捕获的成年鹰实施，对于鹰巢取回的雏鹰是不采取熬鹰措施的。初次落手的野鹰，头几天疯狂挣扎、拼命乱撞。为保护鹰的尾巴、翅膀的羽毛和尖锐的爪子，在开始的几天里将其拴在较宽大而铺有毡子之类东西的专门房间里。

熬鹰的第一步是洗野味。对刚捕回来的野鹰来说，驯鹰师驯化它的第一个工作是洗野味，即用温水把鹰洗一遍，目的就是洗掉鹰的野味，让它很快接受人，也就是驯鹰师。

第二步是正式的熬鹰阶段，目的是打掉它的威风。熬鹰时，要将鹰置于鹰架，这是一种中间可以活动、两端固定的木架。也有人让鹰蹲在事前准备好的长绳子上。鹰架和鹰绳的两头，再系上绳子。

熬鹰时，驯鹰师会召集多人一同帮忙。昼夜在那里看守鹰的值班人员，轮流摇晃鹰架，或者晃动两头的绳子使其不停顿地来回摇摆，以至鹰站立不稳，不能休息，经过昼夜不停地摇晃，鹰神魂颠倒，头晕目眩，筋疲力尽，最后会晕倒在地，筋疲力尽地睡去。睡着的鹰会被驯鹰师的衣服包裹起来，人的气味因此附着于鹰身。

在熬鹰过程中，不让鹰睡觉的同时，也不给它进食，以彻底煞其野性。鹰的野性比较强，会不停地飞动，不听从人意，据驯鹰师们讲[1]，在未完全打掉鹰的威风之前，鹰一旦找机会睡觉，它就会梦回深山老林，身归万里蓝天，再醒来就会野性大发，爪撕嘴啄，啁啁尖叫，甚至伤身。熬鹰的时间根据每一只野鹰的体力来算，有些体力强

---

[1] 访谈对象：吐肯·达乌提汗，男，哈萨克族，64岁，阿勒泰地区青河县查干郭勒乡博塔莫音村的牧民，2021年5月28日访谈。

△ 图 2-16
鹰架上被摇晃的野鹰
（哈帕孜·恰合班 摄影）

健的需要 3 天，甚至更多天，有些体质弱的一两天便倒在地下。据驯鹰师吐肯·达乌提汗讲，[1] 熬鹰非常有讲究，首先不能让鹰生病，环境很重要，房间要干净、无烟无味，除此之外，要注意房间的温度，房间不干净，有烟或者太热，很容易导致鹰得肺炎，甚至死亡。

第三步是喂鹰、叫鹰。喂鹰、叫鹰分为室内和室外两个阶段，室内喂鹰、叫鹰是第一个阶段，也是初步的驯化野鹰的过程。

经过几天的熬鹰之后，鹰困饿异常，疲惫不堪，不得不收敛野性，老实听从主人的摆布。对于驯化过程中的鹰而言，正确掌握进食

1　访谈对象：吐肯·达乌提汗，男，哈萨克族，64 岁，阿勒泰地区青河县查干郭勒乡博塔莫音村的牧民，2021 年 5 月 28 日访谈。

的规律和方法是非常重要的。在熬鹰过程中，鹰的气味同样附于驯鹰师的衣物上，以此帮助人和鹰初步建立起熟悉感，培养感情。接下来的驯调步骤既适用于野鹰，也可用于雏鹰。驯鹰师要使鹰熟悉自己的声音听从召唤，通过食物诱惑，不断地拉远距离。熟悉了小范围内的召唤后，驯鹰师开始第二个阶段，也就是室外去喂鹰、叫鹰。这时在鹰的脚链上接了细而长的驯鹰绳，也叫驯鹰缰。把鹰带到室外，让它熟悉和适应周围的环境。喂鹰时不能将大块的鲜肉送到鹰的嘴边，更不能将肉随意丢在鹰的跟前，而是驯鹰人把少量的鲜肉放在自己手臂上的皮套子上，让鹰自己过来叼着吃。鹰以肉食为主，胃口很大。猎人在驯调过程中每天都要给鹰喂一定量的野性肉食，培养它的嗅觉和吞食野味的习性，便于在狩猎中勇猛扑食猎物。同时，喂鹰时经常用"喀、喀"的叫声吆喝鹰，使其逐渐提高辨别主人声音的能力，并逐渐使其听从号令。等到以上驯练差不多时，驯鹰人慢慢将肉离鹰的距离越拉越远，使鹰由跑过来叼着吃，到飞过来叼着吃。近距离召唤熟练之后逐渐可以骑马去野外进行远距离的召唤，直至最终可以带出狩猎。喂鹰时，不能给它吃饱，鹰吃饱了会影响它的积极性。基本驯化完成后，紧接着驯练它捕猎。野鹰驯养相较雏鹰驯养的困难之处在室外喂鹰、叫鹰的环节上，为了防止鹰在室外驯练时飞走，驯鹰师要依靠驯鹰绳控制鹰。

对鹰来说，它对周围的其他人员、动物以及人类所生活的特殊环境，并不顺眼。这时需要让鹰多多熟悉人所生活的环境，使鹰切身体会到此种环境对自己的无害以及人、马、狗等不是将来自己要捕猎的对象。等鹰也对周围的人和动物不感到陌生时，再对它进行喂鹰、叫鹰，也就是放飞招回式驯练。室外喂鹰、叫鹰训练后，鹰已对驯鹰师产生了亲切感和依赖感。

鹰腿上绑着驯鹰绳，以使鹰飞不高、飞不远，只在小范围内活动。柯尔克孜族在驯鹰时会先把鹰尾部的羽毛用线缝起来，让它无法高飞；再用拴着绳子的活兔或捆着肉的狐狸皮作猎物，让鹰从空中俯冲叼食。过些时日，再把鹰尾部的线拆去，在鹰腿部拴根长绳，像放风筝一样，让它在驯鹰人的掌控下捕捉猎物。待鹰练熟后，再将手中的绳子松开，但不解开，一旦鹰飞走，驯鹰人只需抓住绳子就能将鹰拉回。经过一段时间的室外驯养后，这只鹰就成了真正的猎鹰。据说，这种驯鹰方法已经沿用了1000多年。[1]

驯鹰当中的最后一个重要环节是洗鹰胃和健胃。俗话说，"鹰饱不抓兔，猎鹰为了食而捕猎"。据驯鹰师吐肯·达乌提汗讲，[2]捕猎是猛禽的本能，鹰属于胖得快却瘦得慢的鸟类，如果驯鹰师喂猎鹰进食的量没有把握好，而没能够使猎鹰达到精瘦有力、能飞善捕的状态，猎鹰就不一定能很好地发挥它应有的本领。哈萨克族驯鹰师非常重视对猎鹰喂食的质和量，喂猎鹰时不能让它吃肥肉，而且特别注意肉的质量，不能随意让它进食，同时要细心掌握喂食应有的分寸。每一年三四月份开始猎鹰换羽的季节，一定要喂好猎鹰，以保证让它顺利地换好羽毛，猎鹰换羽完毕之后，驯鹰师为了去掉猎鹰身上的赘肉和猎鹰眼睛上的油脂，把猎鹰调驯得更加精瘦有力，会采取洗胃、健胃措施，除此之外还可以采用将粗盐研磨敷贴的方式处理。油脂对于猎鹰捕猎有着很大的影响，会严重妨碍它的捕猎能力，鹰爪有油脂也会阻碍它擒拿猎物。驯鹰师吉肯·托合塔木拉提[3]在父亲去世后第一次带着父亲的猎鹰捕猎时，就遇到了这样的情况，最终是母亲帮助了他。

他回忆：

> 我父亲也是一名驯鹰师，曾经我们一家生活在库尔特乡温都哈拉村，2003年父亲去世了，父亲的猎鹰本来我们是准备放生的，父亲去世的第一年就没有带猎鹰出去狩猎，父

---

[1] 资料来源：克孜勒苏柯尔克孜自治州阿合奇县文旅局猎鹰文化资料。

[2] 访谈对象：吐肯·达乌提汗，男，哈萨克族，64岁，阿勒泰地区青河县查干郭勒乡博塔莫音村的牧民，2021年5月28日访谈。

[3] 访谈对象：吉肯·托合塔木拉提，男，哈萨克族，49岁，阿勒泰地区富蕴县库尔特乡布拉特村牧民，2021年3月18日访谈。

亲的马也一直在草场里。有一天一个和父亲年龄相仿的驯鹰人木拉提带着驯鹰出门，草场里我父亲的马看到了他，跳出草场一直跟着他，一路跟到了牧场。晚上木拉提回家，过到了河对岸的时候，父亲的马才掉头返回原路。这个事情我们不知道，第二天木拉提到我们家，问我："你父亲的马呢？"我说在草场呢，他才反驳说："不在草场，你看了吗？"我说我没看，木拉提才讲起这个故事，还说："你父亲的马想他了，昨天在找他呢！跟了我一天！你父亲的猎鹰你也别一直养在家里了，骑上你父亲的马，带上它出门，不然猎鹰也太可怜了，马也很可怜！"那时候我也还不是很懂带驯鹰，下雪后有一天我就带着驯鹰骑着父亲的马出门了。结果父亲的猎鹰不抓狐狸，总是飞过上空，落在狐狸的对面。狐狸也很害怕，但它一跑猎鹰也会去抓，结果一整天下来一无所获就回家了。回到家后我就问我母亲，母亲叫我把猎鹰拿过来看看，她看了看说："这个猎鹰眼睛上有 may（哈萨克语，直译为'油脂'），不抓狐狸就是这个原因。"她叫我在鹰帽里面敷点研磨过的粗盐再把鹰帽给它戴上，第二天不要带它出门，第三天再带出去。结果到了要出门的那天刚好下雪，我就带着猎鹰去了很远的一个姐夫家附近，那边很荒凉。在那边也看到了狐狸，猎鹰的鹰帽一摘下很快就飞去抓住了狐狸。那是我第一次带猎鹰抓狐狸，也就是 2004 年。所以说我母亲也是很厉害，一直在父亲身边也懂得很多猎鹰知识。后来我又问了母亲，原来是猎鹰的眼睛有油的话，猎鹰会怕狐狸，也抓不住狐狸。谁能想到猎鹰眼上还能这样呢？其实还有一种抓住又放掉狐狸的猎鹰，这个我也跟母亲问询过，说是因为爪子底部也会有油脂，这个油在雪上多待待就可以祛除。这种鹰爪底部有油的时候抓住狐狸会让猎鹰感觉很痒就会放了它。驯鹰人的这种经验非常多，我跟母亲也学到了很多。

洗胃、健胃最常见的有两种方式："霍雅"和"再尔跌"。"霍雅"本指猎鹰胃中由骨头和皮毛形成的残留物。猎鹰在一定时间内会将这样的残留物自行吐出。残留物留在胃中时猎鹰很少进食。驯化的猎鹰在训练捕猎时，如果胃中的残留物仍在胃中，猎鹰由于没有饥饿感，不会去捕获猎物。所以，驯鹰人一般不会等猎鹰自行吐出残留物，而是采取人工的方法迫使猎鹰吐出残留物，驯鹰过程中的这种洗胃的方式和用于洗胃的工具也叫"霍雅"。用马鬃或者骆驼鬃毛卷成圆形，外表涂抹一层山羊油，形状如鸡蛋一般大小，让猎鹰吞食。此球状物到了猎鹰的胃中，表层的山羊油融化，粘连猎鹰胃中的残留物，猎鹰无法消化此等大小的物体，就会将其吐出，胃中的残留物也就自然地排出体外。

据老猎手讲，"再尔跌"指的是为排除猎鹰胃中炎症形成的淡绿色液体而采取的一种方法。猎鹰出现这种症状是喂鹰食导致的，野外的猎鹰则不会出现这样的异常。将驼毛团成毛球，中间撒盐，用绳子或发丝系上，让猎鹰吞下，吸收胃中液体，半个小时左右后，由鹰自行吐出，如果吐不出来则人为拔出。此方法，一般只能在必要的时候才用，平常一年只用一次，频繁使用会影响猎鹰的健康。

第二节　驯鹰工具

驯鹰过程中要使用不同的工具。每一个合格的驯鹰师都有自己的纯手工制作的驯鹰工具，并且每件都由自己亲手制作而成，为驯鹰量身定制的用具。

△ 图 2-17、图 2-18　哈萨克族驯鹰工具（哈帕孜·恰合班 摄影）

▶ 图 2-19 猎鹰与哈萨克族驯鹰工具

（哈帕孜·恰合班 摄影）

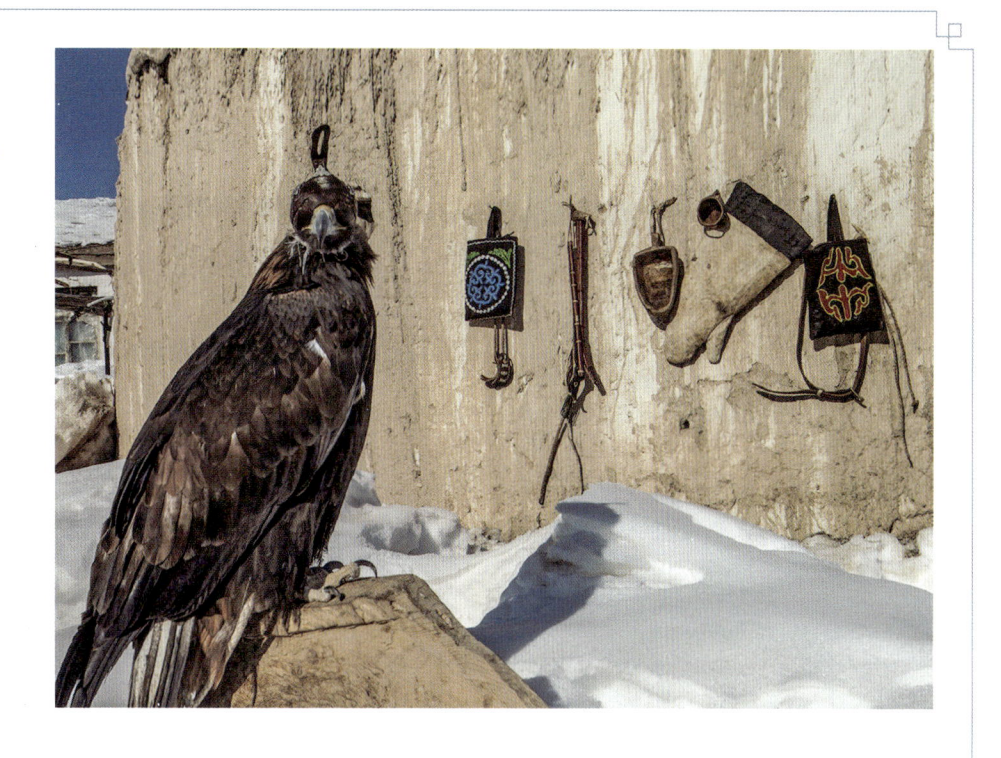

（一）手套

因鹰爪十分锋利，所以驯鹰师在日常托举驯鹰时需要戴着手套，驯鹰专用的手套在哈萨克语中有专门的术语，称为"比阿莱"。这种手套是皮制的，比普通手套长很多，可以穿进整个小臂，且末端有一个小眼用来扣住鹰脚链上的扣子。条件允许的情况下，驯鹰师会首选鹿皮，尤其鹿颈部的皮来制作手套，此处的皮子鹰爪一般难以穿透。

▶ 图 2-20 戴着驯鹰手套的哈萨克族驯鹰师

（哈帕孜·恰合班 摄影）

△ 图2-21 哈萨克族驯鹰工具·脚链短绳（哈帕孜·恰合班 摄影）

（二）脚链绳

猎鹰专用脚链短绳在哈萨克语中有专门的术语，称为"阿雅克包"。也是皮制的，一端由扣子扣在一起以防丢失，另一端用来绑鹰爪，内附稍厚的羊毛毡以防磨损鹰爪，外围包裹的皮面还有一些装饰花纹，更古老的脚链装饰是用银饰或金饰。

猎鹰专用脚链长绳，哈萨克语称为"额尔格叶包"。也是皮制的，相比前面的皮质脚链短绳，比较长且粗糙，长度一般2—3米，一头绑在毡房，另一头绑在鹰爪上。

△ 图 2-22　哈萨克族驯鹰工具·脚链长绳（哈帕孜·恰合班 摄影）

（三）鹰帽

　　驯鹰人一般都给鹰戴鹰帽，哈萨克语中有专门的术语称为"托马哈"鹰帽用皮制作而成，模板形似蝴蝶，十分小巧精致，有棱有角。有的鹰帽上面还可以挂一些装饰物进行点缀。让鹰戴上鹰帽，并非为了装饰，而是为了不分散猎鹰的视线，使其保持冷静；另一方面，是为了确保家畜和家里小孩的生命安全。猎鹰起飞前驯鹰师会摘掉鹰帽。

△ 图 2-23　哈萨克族驯鹰工具·鹰帽（哈帕孜·恰合班 摄影）

△ 图 2-24 哈萨克族驯鹰师与戴着鹰帽的猎鹰
（哈帕孜·恰合班 摄影）

（四）鹰凳

鹰平时休息有自己专属的凳子，或者叫作鹰架，多由上好的白桦树制成，有三脚，哈萨克语称为"图格尔"。

◁ 图 2-25 哈萨克族驯鹰工具·鹰凳
（哈帕孜·恰合班 摄影）

▷ 图 2-26 鹰凳上的猎鹰
（哈帕孜·恰合班 摄影）

040

第二章 驯养猎鹰

（五）鹰盘

鹰盘是一种木制的，类似船形的盛具，在哈萨克语中称为"萨朴图雅克"，用来盛放鹰的饲料，一头尖一头平，平头带有把手。驯鹰师在家就用它来喂食。

◀ 图 2-27　哈萨克族驯鹰工具·鹰盘
（哈帕孜·恰合班　摄影）

▽ 图 2-28　驯鹰师阿依图汗用鹰盘喂鹰
（哈帕孜·恰合班　摄影）

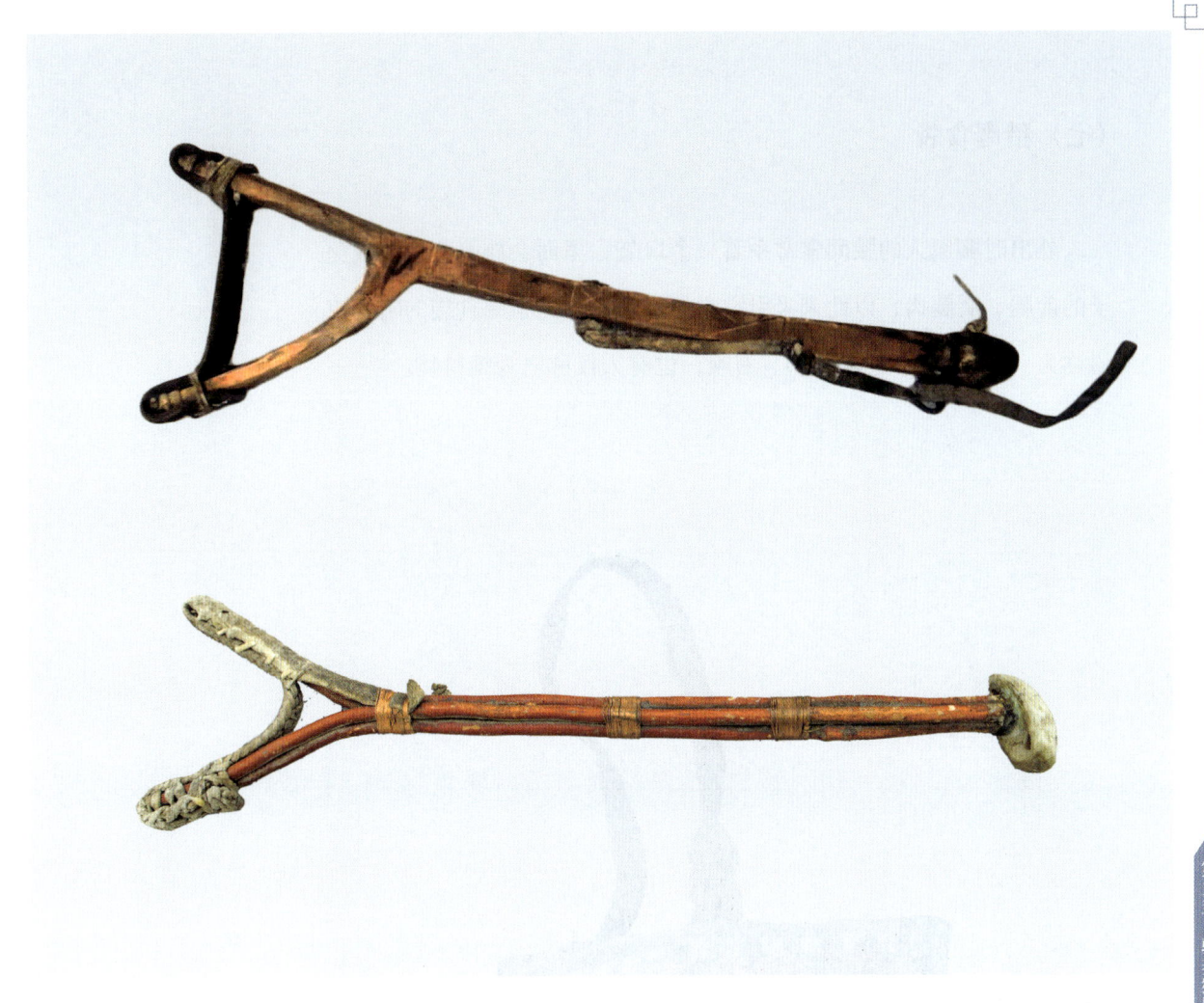

▲ 图2-29 哈萨克族驯鹰工具·鹰托（哈帕孜·恰合班 摄影）

（六）鹰托

这种工具是一头开叉的木棍，在哈萨克语中的专称为"巴勒达克"，驯鹰人骑马外出时将它绑在马鞍上，再把手搭在托中间，这样举着猎鹰骑马不至于太累。猎鹰的体重可达10斤左右，长时间托举也是很辛苦的。

（七）猎鹰食袋

外出时驯鹰人的腰间常常系着一个口袋，里面会放一些狐狸或兔子的前腿、后腿肉，以此来吸引空中的猎鹰，因此猎鹰食袋的哈萨克语称为"沙合如"，意即呼唤、召唤，也有人仅称之为饲料袋。

◀ 图 2-30　哈萨克族驯鹰工具·猎鹰食袋

（哈帕孜·恰合班　摄影）

▶ 图 2-31
哈萨克族驯鹰工具·驯鹰绳
/鹰缰绳
(哈帕孜·恰合班 摄影)

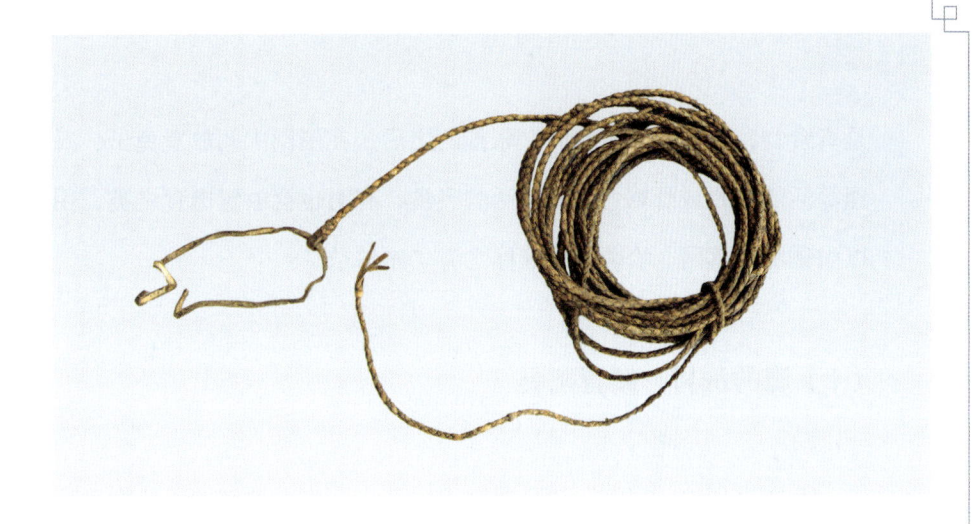

(八)驯鹰绳/鹰缰绳

驯鹰绳/鹰缰绳也是一种皮制的驯鹰工具,哈萨克语称为"什芝木"。驯鹰绳/鹰缰绳一般细而长,长度 8—10 米,一般为驯练野鹰时使用的工具。刚捕回来的野鹰在熬鹰、室内叫鹰环节结束后开始在室外叫鹰,因为野鹰还没完全驯化,一放就会飞走,因此鹰脚绑上细而长的驯鹰绳/鹰缰绳,过粗会重而不便,过短则影响鹰的自由活动。这种驯鹰绳/鹰缰绳连接在脚链绳上,野鹰完全被驯化后才能解开。

(九)猎物道具

猎物道具有两种:一是假装物,即用动物的皮毛制作的模仿兔子或狐狸的假装物,将其当作诱饵拴在绳子上,用来引逗猎鹰捕猎;二

▶ 图 2-32 哈萨克族驯鹰
工具·猎物道具
(哈帕孜·恰合班 摄影)

是真食物,张网捕猎野鹰时,张挂网之后,在围网中间放置兔子、狐狸等活的动物或野鸡、野鹅等活的飞禽,有时也会放置肉食之类,用以引诱野鹰落网。哈萨克语统称之为"赤尔尕"。

(十) 鹰的洗胃、健胃工具

上文提到过"霍雅"是猎鹰胃中由骨头和皮毛形成的残留物,哈萨克族人把用来清"霍雅"的工具也叫作"霍雅"。"霍雅"有好几种,常见的有两种:一种是骆驼鬃毛卷成一个圆形,外层涂抹山羊油;还有一种是用略二指长的嫩树枝表层涂抹山羊油,用几根发丝拴住一头。

◁ 图 2-33
哈萨克族驯鹰工具·鹰的健胃工具

(哈帕孜·恰合班 摄影)

以上即是驯鹰最基本和必需的工具,有皮制的,有木制的,还有布制的,工具的制作体现了驯鹰人的本土知识智慧。另外值得说明的一点是,因带猎鹰去野外狩猎的需要,驯鹰师必不可少的交通工具是骏马。

第三节　猎人与猎鹰

哈萨克族人除了鹰，通常不会驯化其他的鸟类。驯鹰师通过猎鹰获得猎物，人与猎鹰之间的关系在这一环节起到至关重要的作用。哈萨克族驯鹰师们在长期实践中摸索出了一套独特而有趣的驯鹰方法。作为猛禽的鹰是极为精明的动物，驯服它，使它听从人的指挥，桀骜不驯的鹰被驯化为猎人最好的帮手，且在驯鹰过程当中，人能够和它和谐相处，不仅是靠一套狩猎经验和驯鹰方法，还要带着一份浓厚的感情：要善待它。在哈萨克族、柯尔克孜族等游牧民族的观念中，之所以把"鹰"视为吉祥之物，称为"神鸟"，当作自己的亲密伙伴，身价也很高，是因为游牧人认为，"鹰"是非常精明的动物，懂感情，和其他鸟类有很大的不同。

想要拥有一只属于自己的猎鹰，并将它驯服用来狩猎，首先，需要猎人拥有足够的勇气。捕鹰与驯鹰风险较大，是需要胆量的活动。因为鹰是一种猛禽，性情凶顽，所以捕获、训练，从而使鹰成为人所

▼图2-34　猎人与猎鹰
（哈帕孜·恰合班 摄影）

猎鹰与鹰猎

◀ 图 2-35
哈萨克族驯鹰师
（阿勒泰地区青河县查干郭勒乡三道海子草原举行的阿肯阿依特斯大会，加娜尔·萨卜尔拜 摄影）

利用的猎鹰是一件很不容易的事情。面对这样凶猛的野生动物，不够勇敢的话是根本不能够与之朝夕相处的。所以，此行业并不是任何人都可以从事的，它有自身的方法和技巧，只有懂得技术的人和勇者方可从事鹰猎活动。

其次，要对驯鹰职业有着较大的兴趣，热爱驯鹰活动，并愿意去做。人与鹰长时间不断地磨合过程中，难免会受伤，有时可能只是小磕小碰，有时伤害很大，甚至致残，这就需要人在面对鹰时，也要有足够的爱心和包容心。作为驯养鹰的猎人，需要知晓猎鹰的方方面面，熟悉它的生长周期、生长条件、脾气秉性等，要呵护、爱护它，渐渐地也就可以与猎鹰建立起亲密而深厚的感情。

老驯鹰师们都说，鹰是非常聪明的动物，重感情，每位驯鹰师就像自己家的孩子一样善待它、爱它，它才能和驯鹰师和睦相处。如果对它充满不满情绪或者骂它、打它，它永远不会"原谅"你。放鹰飞走时，就再也不回到驯鹰师手里，或者再也不捕猎了。

老驯鹰师阿依图汗·曼别提说，他就曾一不小心让猎鹰"生气"了，鹰紧紧地扒着自己的胳膊，鹰爪子从他手背穿进到他手掌，驯鹰手套里沾满血迹，就算是那样，他也强忍着疼痛，不敢发脾气，若是再发脾气，害怕鹰会更加仇恨。[1]

▶ 图 2-36
驯鹰师阿依图汗·曼别提从手背穿到手掌的鹰爪痕迹

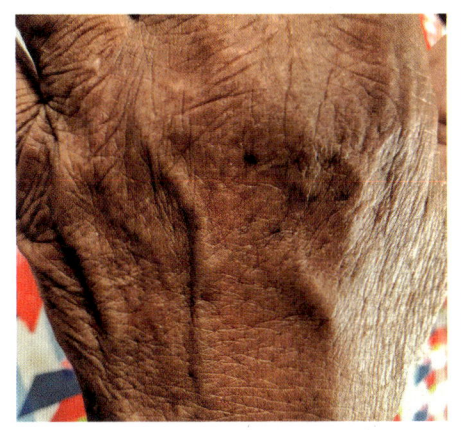

---

[1] 访谈对象：阿依图汗·曼别提，72岁，男，哈萨克族，阿勒泰地区青河县阿尕什敖包乡村民，2021年6月5日访谈。

猎鹰与鹰猎

◀ 图 2-37 驯鹰师胡玛海
（哈帕孜·恰合班 摄影）

我们访谈几位驯鹰师时，他们都生动地描述了与猎鹰相处的细节。他们均认为猎鹰很爱记仇，如果带出狩猎却无功而返，猎鹰就会生气，紧紧地扒着自己的胳膊，若要帮它摘鹰帽也可能会不小心被它啄一口。这时驯鹰师要是生气骂它，它就再也不捕猎了。可如果将心比心地爱护它，它也会开心的，也会喜欢驯鹰师的。

富蕴县库尔特乡喀拉巴喀依村驯鹰师的儿子沙梅克·海萨[1]从1986年到2000年期间一直在家中负责给猎鹰喂食，父亲前后驯养了两只猎鹰，沙梅克偶尔陪同父亲出门狩猎，但多年喂食也没能讨得猎鹰的欢心，每次沙梅克戴手套才敢架鹰，而驯鹰师本人甚至在不戴手套的情况下也能够和猎鹰亲密接触。

驯鹰师们每当相聚时，讨论的就是关于鹰猎的故事，他们讲述自己和猎鹰的故事，说自己的猎鹰捕猎了多少只狐狸、多少只狼，自己是如何惹猎鹰生气的，以及关于鹰的故事和传说，甚至一聊就是几天几夜都讲不完。[2]

据驯鹰师胡玛海老人讲，[3]青河县阿热勒乡有一名驯鹰师，叫哈布坦·卡拉曼，他的猎鹰是从幼鹰时期开始养的，但是有一次猎鹰挠了他的儿子，他就把猎鹰给打晕了。从此这只猎鹰便不再理会他，甚至喂食也不吃，听到他的声音就叫（鹰唳），这是1984年的故事。后来他只好把这头猎鹰送给他的弟弟，但是这头猎鹰再未捕猎过猎物，五年后只好把那只猎鹰放归自然。

每只猎鹰只认自己的主人，比如说十几个驯鹰师架猎鹰出猎时，他们把猎鹰放出去，让猎鹰舒展自己的身体和翅膀，自己在山顶上聊天。到了傍晚，驯鹰师们各自回家，而猎鹰们则跟着自己主人飞，在夕阳下人与猎鹰结伴而行，一直到家。

---

1 访谈对象：沙梅克·海萨，男，哈萨克族，58岁，阿勒泰地区富蕴县库尔特乡喀拉巴喀依村牧民，2021年6月8日访谈。

2 访谈对象：吾斯肯拜·塔吾巴，男，哈萨克族，58岁，阿勒泰地区青河县阿尕什敖包乡村民，2014年2月15日访谈。

3 访谈对象：胡玛海，男，哈萨克族，82岁，阿勒泰地区青河县阿热勒镇杜尔根村牧民，2021年6月2日访谈。

每年青河县猎鹰文化节时，来参赛的驯鹰师和游玩的游客人数可以达到上千人，而猎鹰可以从上千人当中找到自己的主人。可见它是非常聪明的。

猎鹰像小孩子一样，喜欢依赖主人，这需要主人对它万般宠爱。有时候，驯鹰人养鹰和驯鹰最重要的目的不是想利用它来赚钱，而在于驯鹰的乐趣。鹰是非常聪明的，嗅觉和听觉很好。猎鹰在屋内戴着鹰帽，当主人进屋时，它可以从主人的气味和脚步声中认出主人来。猎鹰特别喜欢主人就会像他的孩子一样，喜欢主人的抚摸。不同于其他动物，鹰是天之骄子，百鸟之王，是天空的霸主，天生尊贵。其次，鹰是特别爱干净的动物，被人类照顾抚养过的猎鹰会记得主人的，懂得感激和报恩，所以哈萨克族人喜欢驯鹰和养鹰。

在老驯鹰师的回忆中[1]，还有一则猎人与猎鹰的故事。

△ 图2-38　驯鹰师阿依图汗（右）和哈布跌提（哈帕孜·恰合班 摄影）

▷ 图2-39　驯鹰师哈布德尔阿合曼（哈帕孜·恰合班 摄影）

1　访谈对象：哈布德尔阿合曼，男，哈萨克族，81岁，阿勒泰地区青河县阿热勒镇村民，2021年6月3日访谈。

第二章 驯养猎鹰

1977年，当时我国处于计划经济年代，马很少，牧业生产队的马不够用，所以他就骑牛架猎鹰出猎。有一天，他把猎鹰放在山坡上，自己把藏在岩石里的狐狸赶出来，猎鹰去捕抓那一只狐狸。捕猎完后天也快黑了，因为牛走得慢，而且他脚穿皮靴不便行走，抓住一只狐狸他就已经心满意足了，但是他的猎鹰发现了另一只狐狸，想让他把那只狐狸也赶出来，便一直在天空盘旋不肯回来，他就不理会猎鹰，准备回家。他的猎鹰因此生气了，飞过来狠狠地抓在了他的皮手套上，爪子穿过了皮手套，皮手套沾满了血，气得他用皮手套打在猎鹰的头上，这使得猎鹰更加生气，直接飞向天空，越飞越远。猎人因为愧疚便一直看着它，过了很久它又自己飞回来了。按理来说，猎鹰如果被自己的主人打了，就会不理会主人，对主人怀有仇恨，从此不再为人类捕猎，但是他不知道自己的猎鹰是不是也认识到了自己的错误才会自己飞回来了，他便用刀切了狐狸身上最好的肉喂给它，然后才回家。

也有很多驯鹰师是继承父业者，自小耳濡目染，锻炼出优秀的猎鹰人品格和才能。对驯鹰师的要求会非常严格，经过苦练的勇者最后才会享受鹰猎的胜利、凯旋时的欢欣。在新疆阿勒泰地区，绝大部分哈萨克族猎鹰猎手是继承父业者，对猎鹰有深厚的感情，猎鹰是他们家的一名成员，主人将猎鹰视为一种具有亲密关系的宠物，而不仅仅是狩猎工具。

青河县阿尕什敖包乡的一个家族里有着4个驯鹰师。驯鹰师吾斯肯拜、角勒巴尔斯、艾力拉、哈布跌提，他们属于哈萨克阿巴克烈部落建太凯部落里的巴扎尔胡勒氏族。

据驯鹰师角勒巴尔斯·黑达尔说，他们家族的祖先从霍特拉克开始驯鹰，从事鹰猎活动。一个家族的几个人直到近年按照保护动物法律条例要求放归猎鹰为止，一直在驯养鹰。据驯鹰师哈布跌提·阔克依讲，家族里的几个兄弟基本上都驯养鹰，特别喜爱猎鹰、宠爱猎鹰。据说巴扎尔胡勒氏族的人

脾气都不好，性格属于直性子，但是这种脾气几乎从未用在猎鹰身上过。

2014年2月15日，笔者参加阿勒泰地区青河县猎鹰文化艺术节时，曾去继承父业的驯鹰师吾斯肯拜·塔吾巴家里拜访，看他驯养的猎鹰。在青河县老人们的回忆中，吾斯肯拜·塔吾巴是青河县有名的驯鹰师，他的猎鹰在没下雪时就能捕获狐狸。

▼ 图2-40　驯鹰师吾斯肯拜·塔吾巴（前中）
（哈帕孜·恰合班　摄影）

图 2-41 驯鹰师角勒巴尔斯·黑达尔
（哈帕孜·恰合班 摄影）

图 2-42 驯鹰师艾力拉·吾克勒哈提
（哈帕孜·恰合班 摄影）

第三章
鹰猎活动

驯鹰的效果如何，通过狩猎便可知晓。猎鹰并非一年四季都要狩猎，架猎鹰出猎，多在冬季雪后进行。一场大雪后的早上，高山草原天空放晴，正是猎手们骑马架猎鹰出猎的好时机。猎手们带着猎狗，骑上骏马，以牛皮裹臂，给猎鹰戴上鹰帽，令其蹲在胳膊上，威风凛凛。每年冬季，尤其12月和来年1月，是狩猎期，3月开始是换羽期，也是繁衍下一代的重要时期，春季以后不再使用猎鹰狩猎，也有考虑到鹰的繁殖期已经到来的原因。

第一节 猎手的伙伴和助手

哈萨克族人的狩猎分为单人出猎、双人出猎和集体围猎。双人出猎就是猎手和助手，鹰猎一般需要有人协助才能成功捕获猎物。哈萨克语称鹰猎活动中给猎手帮忙的助手为"哈呼什"。一部分鹰猎是集体性的活动，几个阿吾勒的猎手们集体出猎，这种集体鹰猎活动叫作"萨勒布仁"。一个或者几个阿吾勒的驯鹰师，包括富人和穷人在一起集体架鹰出猎，住在野外，短的是半个月，最长的持续两三个月时间。游牧民到冬牧场之后开始集体架鹰出猎。

驯鹰师艾力拉·吾克勒哈提老人回忆，他从1952年，16岁开始当"哈呼什"，同时跟着家族的老驯鹰师们一起架鹰出猎，1955年时参加了集体鹰猎活动。当时参加集体鹰猎的人员来自吾克勒哈提阿吾勒、朵木布阿吾勒、阿勒甫阿吾勒、阿艳巴拉阿吾勒、黑达尔阿吾勒等5个阿吾勒的成员。9个驯鹰师，3个助手和2个厨师（哈萨克语称"巴合尔什"），一共14人，组成一个鹰猎团队，内部分两个小组，搭建2顶毡房。鹰猎团成员里的黑达尔是黑达尔阿吾勒的头领。因为吾克勒哈提当时是人民公社的领导，所以不参加当时的活动。

表3-1 鹰猎团队

①吾克勒哈提阿吾勒	塔吾巴（吾克勒哈提的弟弟，驯鹰师）
	阔克依（吾克勒哈提的小弟弟，驯鹰师）
	玛哈尔（吾克勒哈提大儿子，助手）
	热合木哈里（吾克勒哈提的侄子，驯鹰师）
	艾力拉（吾克勒哈提二儿子，驯鹰师）
	阿布德哈德尔（助手）
	哈布勒哈合（厨师）
②朵木布阿吾勒	沃扎吾巴斯（驯鹰师）
	阿班（驯鹰师）
	玛和苏提（沃扎吾巴斯儿子，助手）
③阿勒甫阿吾勒	赛力汗（驯鹰师）
	阿勒跌克依（赛力汗的弟弟，厨师）
④阿艳巴拉阿吾勒	哈山（驯鹰师）
⑤黑达尔阿吾勒	黑达尔（阿吾勒巴斯，驯鹰师）

资料来源：访谈对象：艾力拉·吾克勒哈提，男，哈萨克族，83岁，阿勒泰地区青河县阿尕什敖包乡村民，60岁，2021年6月6日访谈。

△ 图 3-1　单人出猎　（哈帕孜·恰合班　摄影）

△ 图 3-2　双人出猎（哈帕孜·恰合班　摄影）

▽ 图 3-3　集体围猎（哈帕孜·恰合班　摄影）

图 3-4　鹰猎团

（哈帕孜·恰合班　摄影）

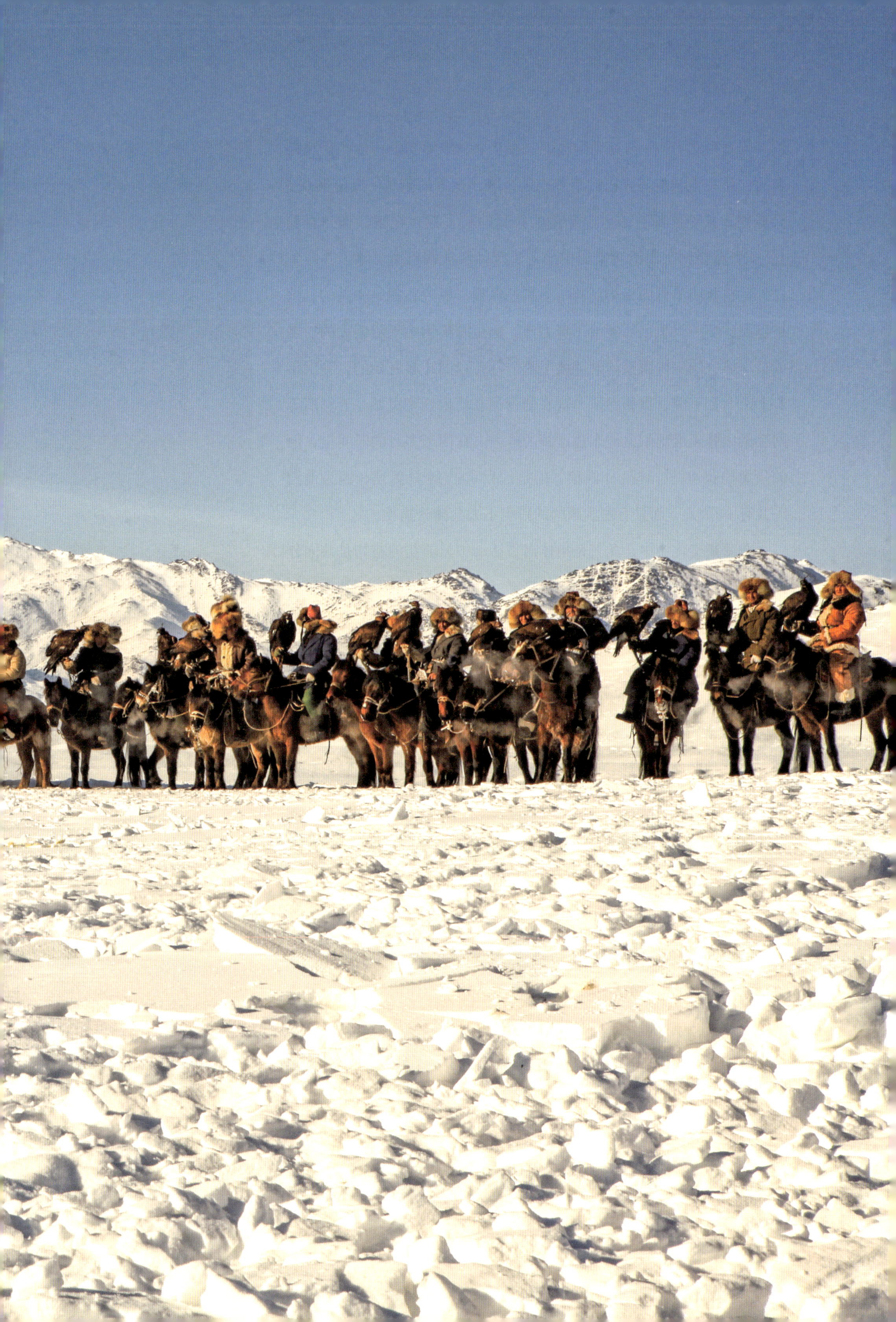

驯鹰师艾力拉·吾克勒哈提说，在9个驯鹰师当中，他的猎鹰是金鹰，还有他叔叔塔吾巴的猎鹰也是金鹰，优等的猎鹰一天能捕获5只狐狸，甚至能捕获狼。当年他的猎鹰捕获了狼，把狼当作"吾勒扎"（贵重猎物）赠给鹰猎团中的老驯鹰师沃扎吾巴斯。除了一匹狼之外，猎鹰团昂贵的猎物还有一只黑色狐狸，黑色狐狸是少见的，价格也高，那一只黑色狐狸给了赛力汗，也是鹰猎团中年龄偏大的一名成员。那一场集体鹰猎活动持续了两个月，12月1日开始的，到次年2月10日回到家，鹰猎范围是现在的青河县境内到魔鬼城、五彩湾等阿勒泰山脉到准噶尔盆地东边辽阔的地方。在两个多月的时间里，他的猎鹰捕获40只狐狸、1匹狼，但是他只拿了14只狐狸，因为他们一共有14个人，而且有些驯鹰师的猎鹰不太会捕获猎物。[1]

在鹰猎文化当中，尤其是集体出猎活动中，捕获的猎物是共同分摊的，团队中的每一位成员都均分猎物。从鹰猎活动开始到结束，每一位驯鹰师的猎鹰捕获的所有猎物加起来，分摊给鹰猎团的每一位成员，无论他是助手，还是鹰猎团厨师。吾克勒哈提阿吾勒中的阿布德哈德尔和哈布勒哈合两个人是他们阿吾勒的"克尔灭"[2]，是贫困户，他们在鹰猎团的分工，一个是助手，另外一个是给鹰猎团做饭的厨师，跟其他驯鹰师一样一个人拿14只狐狸。鹰猎团的男人们分享猎物是延续至今的哈萨克民间社会的习俗。

在游牧民当中，对富有的人来说，鹰猎也是一种娱乐活动，在冬季乏味、枯燥而漫长的放牧过程中取乐解闷。此外，鹰猎也是一种健身活动。对贫困的人来说，鹰猎是一种副业，通过鹰猎来提高经济收入，带来经济效益。

一般人的鹰猎活动多为单人出猎和双人出猎，而集体围猎一般是猎鹰爱好者的活动，或者富有的人的一种娱乐和健身活动。有威望的

1　访谈对象：艾力拉·吾克勒哈提，男，哈萨克族，83岁，阿勒泰地区青河县阿尕什敖包乡村民，60岁，2021年6月6日访谈。

2　一个贫穷的阿吾勒中，由于阿吾勒的牲畜不够用于养活整个阿吾勒的成员，所以本阿吾勒的有些户为了生存，搬到另一个富有的阿吾勒中生活，这户叫"克尔灭"，意为外来者。

△ 图 3-5　出猎中的哈萨克族鹰猎团（哈帕孜·恰合班　摄影）

猎鹰与鹰猎

△ 图3-6 鹰猎团（哈帕孜·恰合班 摄影）

猎人们通过自己的猎鹰来提高自己的名誉，为猎鹰感到骄傲的同时，他们将劳累抛在脑后，兴奋不已地收取猎物，从中获取欢乐的同时，精神也得到了满足。集体鹰猎是哈萨克族鹰猎活动中的一种独特的鹰猎文化。

第二节　架鹰出猎

（一）野外实地训练

对于以前没有捕猎经验的幼鹰来说，驯鹰的重要环节是野外实地训练。通过不断训练和日常照料，驯鹰师和所驯猎鹰之间可以建立起亲密而信任的关系。驯鹰师和自己的鹰之间都有着专属的呼唤暗号，比如"咕嘎、咕嘎"等。熟悉了近距离的召唤后，就要练习远距离马上召唤，在野外时，驯鹰师在山脚下戴上手套拿出肉食，口喊暗号，山顶的鹰要学会迅速飞回。

将幼鹰带到一块平整的草地后，打开头罩。驯鹰师骑马飞奔，溜起拴着假扮物"赤尔尕"的绳子，不断召唤自己的鹰。从鹰身旁快速拽过，目的是为了引逗鹰去捕猎这一猎物道具。这会让正在驯化的鹰以为猎物出现了，迅速起飞，俯冲而下，捕捉猎物，由此不断训练鹰的捕猎能力。每次当鹰迅猛而精准地捕到诱饵时，驯鹰师都要从腰间口袋拿出事先准备好的鲜肉，做接过猎物的动作，来奖励猎鹰。通过这样的训练，等到猎鹰真正出门去狩猎时，它就会将捕到的猎物牢牢抓住等待主人前来处理并奖励自己，而不是自己当场就吃掉猎物。等到猎鹰出色地完成这些步骤，驯鹰师就会挑选合适的时间、地点带着猎鹰出门打猎。这种驯练方法，对于以前没有捕猎经验的幼鹰更加合适。

▲ 图 3-7 哈萨克族驯鹰师准备放猎鹰（哈帕孜·恰合班 摄影）

▲ 图 3-8 哈萨克族驯鹰师放猎鹰（哈帕孜·恰合班 摄影）

△ 图 3-9　哈萨克族驯鹰师野外实地放猎鹰训练（哈帕孜·恰合班 摄影）

△ 图 3-10　驯猎鹰捕捉猎物道具（哈帕孜·恰合班 摄影）

（二）指挥真正捕猎

指挥猎鹰进行真正的捕猎，既是对猎鹰的捕猎能力的考验，也是对驯鹰师驯养能力的考验。驯鹰师一般都选择在高处放飞猎鹰，这和猎鹰的体形有很大关系。驯鹰师需要根据狩猎季的来临、气温的变化等因素控制猎鹰的进食量，以此达到控制猎鹰体重的目的。身形硕大的猎鹰若从低处往高处飞是有些吃力的，而从高处放飞，它便可以俯冲而下。另外，若捕猎前喂食过多，也会影响猎鹰的捕猎兴趣；而喂食过少，则会使猎鹰体力消耗过快而影响捕猎。因此，捕猎前控制喂食非常关键。

架鹰出猎基本上在冬季雪后进行。一场大雪后的早上，高山草原天空放晴，正是哈萨克族驯鹰师们架猎鹰骑马出猎的好时机。此时，三三两两的哈萨克猎人，一不带猎枪，二不带猎狗，只是骑上用具备全的好马，给猎鹰戴上鹰帽，以牛皮裹臂，令其蹲在胳膊上面，威风凛凛地出征。哈萨克猎人们用猎鹰捕猎的对象有狐狸、野兔、野鸡、

▼图3-11 哈萨克族驯鹰师正在叫鹰

（哈帕孜·恰合班 摄影）

图 3-12　放猎鹰捕猎
（哈帕孜·恰合班　摄影）

野鸭、旱獭、黄羊、狍鹿、狼等动物。其中，以捕猎狐狸为最多。

以捕猎狐狸为例，猎人们事先经过细致观察，掌握狐狸的大致行踪后，就架起吃得半饱的鹰到预定地点。为了猎人和猎鹰的视线开阔，便于猎鹰居高临下俯冲，架鹰的猎人一般选择狐狸经常出没，并离狐狸活动范围较近的高地，而猎人助手在山下配合引出狐狸，手拿长棍，欢呼怪叫，惊吓猎物。等猎物进入猎人的视线后，猎人将迅速摘去猎鹰的鹰帽，随之将其往上一抛，猎鹰也立即展开其巨大的双翼，腾空而起，锐利的眼睛迅速锁定猎物后一跃而下，箭一般地扑向狐狸。猎鹰一般用一只爪子猛地抓住狐狸的臀部死死不放，当狐狸无法挣脱回头咬猎鹰时，猎鹰用另一只爪子，又抓住狐狸的尖嘴或者头顶，两爪用力一拉，折断狐狸的脊骨，同时，猎鹰用锐利的钩嘴很快地叼去狐狸的眼睛，掏空其双眼。初次带猎鹰捕猎不一定都是成功的，因此需要勤加练习。为避免猎鹰捕猎失败而攻击人，山下的助手会在后背上背一个小木板以做防护。

有些力大凶猛的好猎鹰，捕猎时也会俯冲过来将猎物猛地提到半空中去，再扔下来。超众的猎鹰在关键时刻还敢于与恶狼拼搏厮杀，甚至可以把比它重几倍的狼多次提到空中，扔到地面，直到猎人赶到现场结束猎物性命为止。一般这种好猎鹰的怒气也很大，有时捕猎到猎物后会紧抓不放，只有猎人掏出血淋淋的肉喂它时，其尖利的爪子才会松开猎物。哈萨克族驯鹰师们把这样的猎鹰视为吉祥之物，称为"神鸟"，当作自己的亲密伙伴。这种猎鹰身价也很高，驯鹰师们一般是不肯轻易把这种猎鹰转让给他人的。[1]

哈萨克族人每次外出狩猎时，无论猎鹰捕捉到什么样的动物，一般都会把猎物的后腿肉剔下来给猎鹰吃，作为对猎鹰的奖励。这对提高猎鹰捕猎的积极性很重要。

---

[1] 拜山·纳马兹别克：《哈萨克放猎鹰初探》，《伊犁师范学院学报》1994年第4期。

第三节　猎鹰与猎物

猎鹰作为肉食动物，猎物包括兔、野羊、狐狸等身形较大的动物，甚至可以捕狼。非狩猎季时，只要是肉食都可供猎鹰食用。狩猎季来临前，驯鹰师需要根据猎鹰的身体状况进行饮食调节。为了避免将猎鹰喂得过肥，驯鹰人会将肉中残留的血液洗净再喂。

猎鹰捕获猎物是一场你死我活的搏斗。放飞的猎鹰目露凶光，扇动巨大的翅膀，冲天而起，在猎物的上空高飞低翔，给猎物造成极大的威慑，使之处于惊恐之中。然后俯冲直下，箭一般地扑向猎物，并死死抓住猎物。

（一）猎鹰与狼

据驯鹰师们讲，能抓获狼的猎鹰不多。猎鹰能不能抓获狼，除了猎鹰体力和体质之外，还关系到驯鹰师的驯鹰术。但是狼对猎鹰的攻击性大，猎鹰会面临生命危险，很多驯鹰师是不想让自己的猎鹰冒风险去抓狼的。

▶ 图3-13　猎鹰与狼
（哈帕孜·恰合班　摄影）

新疆阿勒泰地区青河县老干部卡马里汗·拜依波力森老人回忆，[1]在20世纪70年代末，当时青河查干郭勒乡里的一名驯鹰师的猎鹰抓获过一匹狼。但是，抓狼费劲大，猎鹰用一只爪子死死抓住狼的嘴巴，另一只爪子抓在一棵树上，它拼命地抓住狼不让它跑掉，结果狼使劲拉，最后猎鹰的身体被分成两块，一条腿仍在狼头上，另一条腿留在树上。看着自己的猎鹰惨死，那位驯鹰师痛哭流涕，好像自己的孩子去世一般痛苦。

（二）猎鹰与狐狸

猎鹰更多地会捕获狐狸。和别的猎物相比，狐狸对猎鹰也有攻击性，猎鹰用一只爪子死死地抓住狐狸。狐狸也会回头咬猎鹰，但猎鹰会用另一只爪子抓住狐狸嘴部或头顶，用尖嘴啄狐狸的眼睛。猎鹰抓获狐狸时，猎人赶上，给猎鹰帮忙。

如果是幼鹰的话，有时会被狐狸咬伤，危及生命。

（三）猎鹰与兔子

驯鹰师们讲，他们不喜欢让自己的猎鹰经常抓捕兔子，虽然兔子小，对猎鹰的攻击性不强，但是也会给猎鹰的生命带来危险，尤其是对没有经验的幼鹰。猎鹰从高空俯冲直下，箭一般地捕向石头上的兔子，兔子很狡猾，当鹰冲下来时，兔子从石头上跳下去，这时鹰一不小心就会撞到石头上受伤，甚至会死亡。

---

1 访谈对象：卡马里汗·拜依波力森，男，哈萨克族，90岁，阿勒泰地区青河县退休干部，2021年6月12日访谈。

△ 图 3-14　猎鹰与狐狸（哈帕孜·恰合班 摄影）

△ 图 3-15　猎鹰与兔子（哈帕孜·恰合班 摄影）

第四节 鹰猎活动的习俗

（一）出猎前的祈福

哈萨克族社会里，鹰猎是男人的游戏，捕鹰、驯鹰与鹰猎皆由男人从事，鹰猎活动中几乎看不到女人的身影，一般也忌讳女人参与此活动。在哈萨克族社会中，架鹰出猎者被称为"草原上的英雄"。"草原英雄"，这是哈萨克族社会给予男人的一种高度评价，并非所有人都可以架鹰出猎，因为这是一项风险较大的活动，只有勇者方可从事。成为一个猎手也有其要求，只有比较精明、细心、敏锐而胆大的人才会成为猎手。雄鹰的各种特征代表男人们的气质、精神与外貌特征，也隐喻着社会对男人的标准与要求。在鹰猎过程中，猎鹰的凶猛、强悍，以及与猎物激烈的搏斗，也代表着社会生活中男性的气概、激情、自尊等，是哈萨克族社会给予男人的一种审美、责任和表现隐喻的要求和期望。

猎鹰在作为哈萨克族男人气概的象征，以及作为一种男人的"游戏"同时，它也在牧民的社会生活中具有一定的功能。[1] "巴塔"是哈萨克族生活中的一项吉祥文化和习俗，意指祝福，一般由男性及长辈赐予，在哈萨克族民间文学中，老人们的巴塔词中就常常包含"祝你就像雄鹰般永不回头，坚强和无畏"这样的祝福。猎人和猎鹰首次出猎时，也必须要得到"阿吾勒"内部德高望重的男性长辈所做的巴塔和祈祷仪式，为本次打猎出行祈福。

"阿吾勒"是哈萨克等游牧民族最基本的社会组织和生产单位，柯尔克孜族称"阿依勒"或"朱尔特"，蒙古族称"阿寅勒"。[2] 哈萨克、柯尔克孜、蒙古等民族中，部落由若干血缘关系比较亲近的氏族组成，氏族由若干阿吾勒组成。一个阿吾勒最少由五户人家组成，阿

---

[1] 哈依沙尔·卡德尔汗：《猎鹰与鹰猎：哈萨克族游牧民关于鹰的本土知识》，《北方民族大学学报》（哲学社会科学版）2017年第3期。

[2] 娜拉：《新疆游牧民族社会分析》，民族出版社，2004年，第47页。

△ 图3-16

架鹰出猎的哈萨克族男人

（哈帕孜·恰合班 摄影）

吾勒中的每家每户都有自己的劳动分工或职责，一户负责放羊，一户负责放马，另外一户放骆驼、牛等。有些人除了自己的名字之外，还有某某阿吾勒的放羊者、某某阿吾勒的放骆驼者、某某阿吾勒的放马者等称呼。除此之外，每个阿吾勒都有自己的木匠、铁匠等匠人。过去，哈萨克族按季节游牧时，一般按阿吾勒来分布和居住。各阿吾勒的牧场是固定的。它最初是由血缘纽带即同一个部落或氏族中血缘相近的人们，包括富人和穷人，为了进行有效的互助和共同抵御天灾人祸而建立和形成的。[1] 但是这种传统的社会组织到了20世纪50年代后基本上解体了。阿吾勒这个术语的概念也发生了变化，从表示一个以血缘关系为主的传统社会组织变成表示以地缘关系为主的牧村、乡村、故乡的概念。[2]

---

[1] 贾合甫·米尔扎汗：《哈萨克族历史与民俗》，新疆人民出版社，1998年，第221—224页。

[2] 加娜尔·萨卜尔拜：《论新疆哈萨克族阿吾勒及其变迁》，《新疆社会科学》2009年第2期，第108—113页。

（二） 猎物馈赠习俗

在哈萨克族猎人间有一种习俗，把猎鹰当天捕猎到的猎物送给身边年长者或身边帮助驱赶猎物的助手，这种习俗叫"沃勒扎"，意指所得、赠礼的意思。就像阿拜在诗中所讲："那边给长者送来猎获的礼品，这边祝贺'猎获物成批成群'，猎手们挥舞手中的皮毛，更觉得格外振奋。"诗中描绘道："征途中尽情地谈论狩猎，心里没有任何邪念和私愤。"[1] 得到"沃勒扎"的人要宴请猎人，有时甚至会庆祝到天明。这一方面表达了对鹰和猎人的敬意，另一方面也体现了哈萨克族人之间团结互助。

关于哈萨克族赠礼习俗，在驯鹰师的记忆中也很清晰。驯鹰师角勒巴尔斯·黑达尔[2]回忆道：

▲图3-17
驯鹰师给助手赠送"沃勒扎"
（哈帕孜·恰合班 摄影）

---

1 阿拜：《阿拜诗文全集》，民族出版社，1993年，第6—7页。
2 访谈对象：角勒巴尔斯·黑达尔，男，哈萨克族，76岁，阿勒泰地区青河县阿尕什敖包乡库伦托别村村民，2021年6月13日访谈。

我的母亲以前怀不上孩子，我的父亲是一个富有且有威望的人，娶了两个媳妇都没有怀上孩子。哈萨克族有赠送战利品或猎获物的习俗，那叫"沃勒扎"，指驯鹰师们把最好的猎物，如狼、黑狐狸等珍贵猎物送给阿吾勒或者部落中最有威望的人，目的就是得到人家的祝福。当时在青河县布勒根有一只黑狐狸，胸口有一块菱形图案，特别的少见，因为黑狐狸比普通的狐狸更有价值，更何况是更少见的带着图案的，很多的驯鹰师们都去捕猎，但是他们的猎鹰都没抓住那只黑狐狸。我的父亲就带着自己的猎鹰去捕猎这只黑狐狸，最终顺利抓到了它。在当时青河县那个片区，我们是巴扎尔胡勒氏族，巴扎尔胡勒氏族属于克烈的坚特克依部落的那孜尔台吉[1]，那孜尔台吉威望很高，我父亲把那只黑狐狸送给他希望得到他的送子祝福，那孜尔台吉也知道了我父亲的来意，给他说你会有两个儿子，大的就叫森林之王角勒巴尔斯（老虎），从那时之后不久我母亲便怀了孕，而我就是角勒巴尔斯。"沃勒扎"除了赠给有威望的人，得到他的祝福之外，还要赠礼给猎人的助手。一般猎人带着猎鹰会在山坡或者山顶看着，而猎人的助手则会在山坡下或者岩石中把猎物赶出来，给猎鹰宽阔的捕猎环境。如果驯鹰师不向助手赠送沃勒扎，则阿吾勒或者部落中有威望的人会给驯鹰师罚款。

哈萨克民间有一句谚语：男人分享"沃勒扎"（所得、赠礼），女人分享"哈勒扎"（指产妇补养肉）。得到首个猎物的猎人，在之后的鹰猎活动中会再接再厉，更加为获取更多的猎物而努力，努力必有回报，从而在精神层面得到满足。

---

[1] 台吉，清朝对哈萨克贵族封爵名，位次辅国公，分四等。自一等台吉至四等台吉，相当于一品官至四品官。

第五节　鹰猎活动与服饰

哈萨克、柯尔克孜、塔吉克等游牧民族多生活在山区、戈壁和高寒地区，因而传统服饰也都带有较浓的高寒草原游牧生活的特征。哈萨克、柯尔克孜、塔吉克等游牧民放牧的流动性极大，生活在气候多变的环境中，穿着表现出极强的御寒性。就哈萨克族传统服饰而言，选材多为动物皮毛，使用较多的是狐狸皮、狼皮、羊皮、貂皮和鹿皮。

哈萨克牧民在冬天戴的帽子是一顶长尾扇的四棱尖顶帽，左右有两个耳扇，这种皮帽子叫"吐马克"。帽子里面大都用狐狸皮以及绵羊羔皮做成，面子全都是各种颜色的绸子和缎子，顶部十分美观，这种帽子的做工简单、质地柔软。阿勒泰地区哈萨克族人的帽子形似圆锥体，是尖顶帽，塔城地区的帽子相对来说顶部则没有阿勒泰地区的帽子那么高耸。女孩子冬天戴旱獭皮、貂皮或狐狸皮做的帽子，叫"布尔克"。

据驯鹰师哈布坦·卡拉曼讲，以前狐狸皮价格高，一块狐狸皮的价钱相当于一只羊。狐狸皮可以用来做狐狸皮大衣和帽子，他的爱人会做狐狸皮大衣和帽子。在年轻时他的爱人就做过30多顶帽子，后来他弟弟的儿媳妇也开始做帽子，他母亲也是做帽子的。以前做帽子和狐狸皮大衣可以送给关系好的亲戚、朋友，或是卖给他人，一顶帽子最高能卖到1000元。在民间就有专门做这种生意的女性。会制作狐狸皮大衣和帽子的女人绝大部分是来自驯鹰师家族。一般有钱的人就会穿狼皮大衣和狐狸皮大衣。[1]这位驯鹰师的爱人还会用兔子皮给小孩做皮衣和帽子，因为狐狸皮对于小孩来说会又重又热，不利于小孩的健康。

哈萨克族牧民通过鹰猎可获取各种珍贵的兽皮，如水獭、猞猁、狐狸等，这些珍贵的兽皮会被用在各种服饰上。在某种意义上说，鹰

▶ 图 3-18
头戴帽子驯鹰师哈布坦·卡拉曼
（哈帕孜·恰合班 摄影）

△ 图 3-19
哈萨克未婚女孩戴的帽子
（阿勒泰地区青河县博物馆，加娜尔·萨卜尔拜 摄影）

---

[1] 访谈对象：哈布坦·卡拉曼，男，哈萨克族，87岁，阿勒泰地区青河县阿热勒镇村民，2021年5月31日访谈。

第三章 鹰猎活动

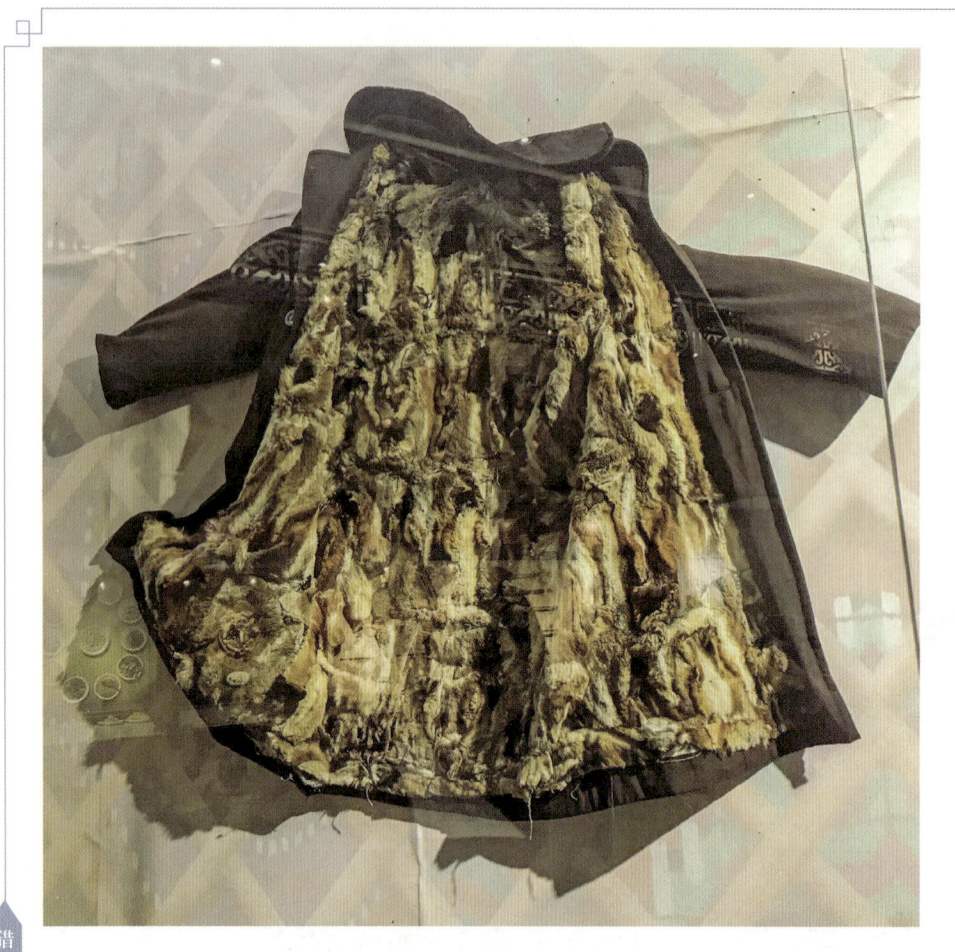

◀ 图3-20 狐狸皮大衣
（阿勒泰地区青河县博物馆，加娜尔·萨卜尔拜 摄影）

◀ 图3-21 狐狸皮大衣
（阿勒泰地区青河县博物馆，加娜尔·萨卜尔拜 摄影）

082

▶ 图 3-22　狼皮大衣
（帝娜·阿德力　摄影）

猎保证了哈萨克族等游牧民族的基本的物质需求。哈萨克、柯尔克孜、塔吉克等游牧民族的绝大部分传统服饰都是用狐狸皮、狼皮和兔皮制作而成的。

猎人们外出打猎时，会身着皮大衣，头戴皮帽，脚穿毡靴。这样的服饰保障了猎人们在野外也能保暖，抵御严寒。

我们在走访时就亲眼见到一位老猎手曾经的皮衣，据说是由四张狼皮制作而成，非常厚重。

皮衣皮帽不仅能保暖，还体现着哈萨克族人的审美观念。外出打猎的猎人们也会暗暗较劲，比比谁家的猎鹰能捕获更大更好的猎物，比比谁的骏马更善骑行，比比谁的马具更漂亮，比比谁的穿着更为美观，这也是不在场的妇女们的比武场。兽皮通过心灵手巧的哈萨克族妇女一针一线的缝制，变成了合身的皮衣、精致的皮帽，加之银腰带金马鞭，呈现出了一种天然的野性美。哈萨克男人头戴皮帽，身穿皮衣，身旁伴有猎犬，架鹰骑马于白雪皑皑间，可谓是一幅美景。

除了自己穿用之外，通过鹰猎活动获得的野生动物毛皮也用于与周边民族的贸易交换，好的狐狸皮价格不菲。

第四章
猎鹰的象征意涵

在游牧民的观念当中，猎鹰是勇敢的象征，搏斗中的猎鹰就是社会生活中男人们的化身，象征着男人想象中的野性、凶猛、狂热的本我，也是自身在生活中审美的外观，同时是男人理想化的自身的联想，这是男人精神面貌的体现。不仅如此，鹰猎在人们的日常生活和社会生活、社会交往与人际关系中也起着举足轻重的作用。

第一节 猎鹰成为文化形象和文化符号

猎鹰不仅是一种被驯化的动物，更是一种富有精神价值和意义的象征物。猎鹰在民间被赋予神圣与尊贵的象征意义。猎鹰自身的优秀品质让人们崇拜与向往，它们战胜了一切困难，熬过了所有痛苦的时刻，才成了鸟中之王，因而人们也敬畏它、敬仰它。雏鹰从破壳而出开始就被严格对待，母鹰会在窝里放置两株带刺的蓝莓枝，使雏鹰无法左右摇晃，只能保持身姿笔直，从小就被如此训练使得鹰在长大后可以做到直立着睡觉。等到雏鹰要学习飞行时，母鹰会毫不犹豫地将它推下山崖，哪怕会让小鹰因此受伤，但更多的是希望它可以快速学习到飞行的本领。鹰在换羽换甲时要经历一段艰难时光，只有熬过才

图 4-1 猎鹰的利爪
（哈依达尔别克·吾拉什汗摄影）

能长出新羽新甲，成为雄鹰。人类与鹰的共同相处、相互信任和相互依赖，与自然构成了一种过程性关系，同时，人们从鹰的身上学习了如何与自然界的生灵和谐共处，学习了鹰的勇敢精神和忠诚品质。

游牧民通过本土知识和丰富经验驯养猎鹰，捕获猎物，通晓猎鹰的品性，勇猛、敏锐、坚韧都是猎鹰的代名词。人们希望自己及后代也能像猎鹰一样优秀，并得到神鹰庇佑，因此，哈萨克族人中也有习俗把鹰爪挂在男孩马甲或衣领、摇篮上，也常常佩戴猫头鹰的羽毛，起到护身符的作用。在哈萨克族人的观念里，他们害怕婴儿遭到他人恶意的眼神或言语，鹰爪、猫头鹰的羽毛等具有象征意义的神圣物像是屏障，能使小孩免遭恶意。有时游牧民家里也会有猫头鹰的羽毛挂饰用做摆设。赛马时，主人也会在自己的宝马上佩戴猫头鹰的羽毛，希望马儿能像雄鹰一样飞驰。

欧亚草原的游牧民将鹰视为神鸟，敬仰它的灵性与尊贵。在哈萨克族、柯尔克孜族牧民的巴塔（祈祷）祝福词、给孩子命名、婚礼仪式、欢歌乐舞、家庭教育中都有着猎鹰的影子。哈萨克族男孩小时候经常被教导，"作为男孩，像雄鹰一样，展开翅膀在蓝天中自由飞翔"，要"像雄鹰一样精明、敏锐、永不放弃"等。"雄鹰"是哈萨克、柯尔克孜、塔吉克等游牧民族男性的化身。哈萨克族男孩也常取名"布尔克特"（"鹰"的哈萨克语发音）、"克然"或"合然"（本意即是雄鹰、山鹰）。雄鹰作为勇猛、智慧、强硬和战士的象征，以此命名表示希望孩子能像雄鹰一样强悍精明、敏锐骠勇。

哈萨克族的婚礼礼仪中还有专门给新娘戴猫头鹰羽毛的仪式过程，且不同于订亲仪式，之前的仪式过程多为双方家长间的来往，而这次则是男方女性长辈与女方的直接来往。本仪式一般在婚礼之前进行，由男方亲属携带众多礼品前往女方家，女方家也要举行隆重的宴会，宰羊吃肉欢歌乐舞。而后男方的母亲要将戴有猫头鹰羽毛的红色头巾亲手送给未过门的媳妇，表示认可女孩为自己的孩子，祝福儿女平安健康、幸福美满。除此之外，婆婆还会给女孩送一些首饰、服饰等，亲吻她的额头，说美好的祝福，这都体现了婆家人对女孩的尊重、呵护与疼爱。戴有猫头鹰羽毛的红色头巾也被赋予象征意义，"戴过猫头鹰羽毛"代表着女孩的非单身身份，象征来自婆家的许诺，以及男女双方的感情已被双方家长完全认可接纳，也象征一种神圣护佑，不久男女方就可以举行婚礼结为夫妻。婚礼上的新娘在举行揭面纱仪式前盖的盖头也会佩戴猫头鹰的羽毛。

婚礼作为重要的人生礼仪，在特定的仪式过程中通过猫头鹰羽毛来表达神圣意涵，其原因在于猫头鹰也如猎鹰一般在哈萨克社会中所拥有的至高无上的地位。上至七旬老人，下至七岁顽童，只要让他们形容猎鹰，说得最多的词便是猎鹰拥有"哈斯叶提"，它代表了神圣与尊贵。因为游牧民懂得了猎鹰的灵性与尊贵，便敬仰它、爱戴它、善待它。哈萨克老猎人谈到真正懂得这些的猎人会非常在意自己的言谈举止，对猎鹰也是万般呵护的。猎鹰的食物需要清洁，它休养的地方也需要整洁、空气流通。猎人的行装，猎鹰的鹰帽、脚链，猎人骑的坐骑都需要大方美观。猎人带着猎鹰出门时，也会注重沿途人家对鹰的态度，会选择喜爱鹰的人家进去喝茶休整。猎鹰教会了游牧民如何合理、有效地获得大自然的馈赠，如何在自然界更好地生存并与自然和谐共存，游牧民族也真正懂得鹰的尊贵与灵性，才会将它化为一种文化符号融进生活的方方面面。

第二节　猎鹰的故事与传说

以牲畜为主要生产资料和生活资料的游牧民族认为，各类牲畜都有神灵，如马神康木巴尔阿塔、牛神赞格巴巴、绵羊神绍潘阿塔等。牧民们相信，神灵施恩各类牲畜才能繁衍并祛病禳灾，因而对牲畜神灵顶礼膜拜，祈求它们保护牲畜繁衍、平安。特别珍爱被奉为牲畜"福星"的老公马、老公牛、老公山羊和经常乘骑的马，绝不向别人出卖，要按照礼俗作为冬储肉宰杀，然后将头骨放在老杨树或其他树木顶上天葬。发生干旱时，哈萨克族有在河边举行求雨仪式的习俗，聚集的人们捐献牲畜，向天神宰牲祭祀，认为这样做便能降雨。哈萨克族认为动物也是有灵性的，这些灵性会储存于动物的骨头之中[1]。除了马、骆驼、牛、羊之外，跟哈萨克族人生活息息相关的宠物猎鹰也有它的神灵，哈萨克族民间信仰中有鹰神，被认为是萨满教或者原始祆教信仰的遗俗。哈萨克族民间动物模拟舞"鹰舞"就是一种通鹰神形式，巴克斯（巫师、萨满）通过跳鹰舞来通鹰神。

（一）　哈萨克族有关鹰的神话传说

哈萨克族老猎手们都会讲有关"加拉依尔朔拉"的故事，在他们的观念当中，"加拉依尔朔拉"是一种圣灵的人物，能够慧眼识鹰，"加拉依尔"是乃曼部落的一支，"朔拉"就是他自己的名字。

哈萨克族还有一个民间故事"特聂依的猎鹰"。据驯鹰师们讲，特聂依也是一名驯鹰师。有一年雪融化时，有只鹰在憩息，翅膀被冰粘住了，一个叫特聂依的人把这头鹰救了下来，并且把它驯养成猎鹰。这只猎鹰捕猎非常厉害，捕猎的猎物能养活一个阿吾勒，它一年捕猎的狼就有好几只。后来驯鹰师特聂依老了，临终时给周边的人交代了自己的猎鹰。哈萨克族有个习俗，当一个人死后，他生前的坐骑

---

[1]　参见周亚成：《哈萨克族民间骨信仰习俗浅析》，《西北民族学院学报》（哲学社会科学版）2002年第1期，第25页。

将在一周年的祭祀上被宰杀。特聂依在去世前把自己的猎鹰放归自然，并且跟自己的家人说："在我一周年的祭祀上，我的猎鹰如果能回来的话，就把马身上最好的肉切给它，把它喂饱了，不要亏待了它，千万不要惹它生气。"果然，在特聂依一周年的祭祀上，他的猎鹰就飞回来了，然而特聂依家族的人们并没有遵从特聂依的遗言，只把马身上最不好吃的肝脏扔给了猎鹰。这只猎鹰只是看了一下，便飞上天空，然后急速降落，一头撞死在了特聂依的墓碑上。

这个民间故事反映了猎鹰和主人的深厚的感情。猎鹰需要主人的宠爱，同时猎鹰也会报答主人恩情，当主人的助手，猎鹰和猎人建立亲密而友好的伙伴关系。哈萨克族等游牧民族驯鹰师将猎鹰当作人一样，是家里的一名成员，因此，特聂依的猎鹰就像人一样参加自己主人的一周年祭祀活动，作为猎鹰主人的特聂依去世的时候留下遗言，希望他去世之后，猎鹰也能被善待，它来参加自己一周年祭祀时，必须给它吃最好的肉，但是他的家人没有按他的意愿善待猎鹰，猎鹰就追随主人而去了。

哈萨克族人的观念当中，猎鹰不能当作价值等价交换的物品，猎鹰是无价的。猎鹰一般只会送给非常要好的朋友，在这里猎鹰的价值是用亲情和友情来衡量的。猎鹰在哈萨克族人的观念当中是一种无价的"神鸟"。

哈萨克族人认为有猎鹰的家庭将无灾无难，鹰降临到一个家庭将为这户人家甚至整个阿吾勒保平安。据驯鹰师吉肯·托合塔木拉提回忆，富蕴曾有一位老猎人纳布开，属依铁勒部落，91岁时过世。纳布开老人及其祖辈都是驯鹰人，他回忆年轻时曾遇到一次大洪灾，有的人家的牲畜都被冲走了。那时家里的马群还在山上，他提议去看看却被他父亲拦住，他父亲说有猎鹰的庇佑，马群会没事的，等到洪水退了上山查看，马群果然安好。纳布开老人认为猎鹰会为主人家祈福，护佑阿吾勒的平安，他自己也驯养了30年的猎鹰。[1]

---

[1] 访谈对象：吉肯·托合塔木拉提，男，哈萨克族，49岁，阿勒泰地区富蕴县库尔特乡布拉特村牧民，2021年9月11日访谈。

▲ 图 4-2
特聂依的猎鹰画

哈萨克民间也有很多与猎鹰有关的谚语，人们将实践经验、处世之道化为简短的语句，通俗易懂又意味深长。"鹰要饥饿才能打猎，猎狗要吃饱才能打猎"，寓意凡事都讲究合适的方式与方法，只有遵循各自的原理才能把事情做好。"夸赞猎鹰者要问其鹰巢，夸赞男儿者要问其舅家"，指的是遇到好的猎鹰可以向驯鹰师询问鹰窝，有机会便能得到好的雏鹰。而好的男孩则受教于他的舅舅等母系亲属，哈萨克族人认为孩子会和母系亲属更为亲近，因此，舅舅品行端正、为人正直、积极上进，那么常和舅舅来往的孩子也会学到些许。

（二）塔吉克族有关鹰的神话传说

塔吉克族有崇拜鹰的习俗，也有和鹰有关的神话传说。在民间流传甚广的众多传说中，鹰都是正面形象，虽然版本不同，但鹰的结局都是牺牲自己，让人们用自己的翅骨做成鹰笛。

相传，有一个名叫瓦法的猎人，他家祖辈都是萨比尔巴依的仆人，他们不堪忍受巴依的残酷压榨，相继悲惨地死去。当这种无情的灾难就要降临到瓦法头上时，他家祖上唯一的遗产和生活依靠——猎鹰要求主人杀死自己，用其翅骨做一只笛子。在猎鹰的一再催促下，瓦法含泪杀鹰，取骨成笛。当他吹起鹰笛时，从四面八方飞来的鹰猛啄萨比尔巴依的眼睛，为瓦法和猎鹰报仇。巴依不住地求饶，答应把全部财产分给穷人，人们从此过上了安定的生活。[1]

在另一个传说中，巴依家的奴仆中，小伙子瓦法和一个名叫古丽米合尔的姑娘，他们从12岁开始就被迫在此做奴隶。他们白天在外放牧，晚上只能睡在羊圈里。两人在患难中相爱了，巴依知道后，便打发瓦法到一个很远的草场放牧，姑娘则留在家中做活。一天，瓦法将羊群赶到一个水草丰美的地方，自己坐在山顶思念亲人唱起了歌。

---

[1] 西仁·库尔班：《试论塔吉克文化中的四大象征》，《新疆大学学报》（哲学社会科学版）2005年第5期。

突然，传来一阵嗡嗡的声音，羊群受到惊吓立即聚到小山沟里。瓦法一看，有一只猎鹰在为了拯救他的羊群和恶狼厮杀。他立刻搭箭射向恶狼。当他来到鹰的身边，鹰已近垂死。这时，鹰睁开眼睛对他说："我不行了，你杀了我，用翅骨做一对笛子，当作我的遗物吧！"瓦法含泪从鹰身上取下两根一拃长、中空的翅骨，洗净后一吹，便发出悦耳的声音。他在上面开了一个孔一吹，声音更动听；他又开了一个孔，这次声音比以前更悠扬；他开了第三个孔以后，那声音简直美妙无比。"鹰笛"就这样诞生了。[1]

第三节　猎鹰的艺术表现

自古生活在新疆的哈萨克族、塔吉克族等游牧民族对鹰及其精神的感性通过音乐、舞蹈、雕塑和文学等艺术形式来表达，其中最典型的是鹰舞。

△ 图4-3
被誉为"鹰王"的塔吉克鹰舞表演艺术家玉克赛克
（王建民　摄影）

（一）舞蹈和音乐艺术

鹰舞是我国塔吉克族具有代表性的乐舞，延续着帕米尔高原的乐舞形式，具有很高的文化艺术价值。塔吉克族自古生活在帕米尔高原一带，中国塔吉克族主要分布在帕米尔高原东部地区。塔吉克族乐舞文化多带有"丝绸古道"祆教文化等的历史遗存，呈现出高原所特有的厚重与沉稳的舞蹈风格，使得舞蹈文化资源独特与珍贵。这种民间舞蹈模拟鹰的动作，经过发展，以"塔吉克族鹰舞"为名称，2006年列入我国第一批"国家级非物质文化遗产代表性项目名录"。塔吉

---

[1] 西仁·库尔班、李永胜：《鹰与塔吉克文化》，《新疆大学学报》（哲学社会科学版）1993年第2期。

克民间鹰舞表演时多由一名男子邀请另一男子同舞，在舞蹈中两人向侧后方展开双臂，沿弧形路线相对缓缓前进，随后肩背近贴侧目相视，如双鹰盘旋翱翔。音乐节奏转快时，舞者的动作随之加快。拟态的舞蹈动作如鹰起隼落，高低起伏、拧身旋转、扶摇盘旋。经过近代以来的传承和发展，鹰舞成为中国塔吉克族最重要的象征性表达方式，以拟态化的手法表现出塔吉克族民众和高原各族军民的守卫边疆的形象。

除了塔吉克族之外，哈萨克族也有鹰舞。哈萨克族鹰舞称为"布尔克特毕"，通过模拟鹰捕猎的动作神态而成，于2009年列入新疆维吾尔自治区第二批区级非物质文化遗产名录。哈萨克族鹰舞传承人杰恩斯汗·夏热飞，是乌鲁木齐市达坂城区阿克苏乡阿克苏村牧民，他的家乡阿克苏乡被称为"鹰舞之乡"。在信仰习俗层面，哈萨克族鹰舞最早与满族的鹰舞相同，与哈萨克族人对"鹰"的崇拜也有关，哈萨克族鹰舞也是萨满教中通鹰神的主要方式。在艺术层面上，哈萨克族人通过舞蹈艺术形式来表达对"鹰"的感情，特别是猎鹰与猎人彼此之间的伙伴关系和相互感情。

▶ 图4-4
哈萨克族鹰舞非物质文化遗产传承人杰恩斯汗·夏热飞
（杰恩斯汗·夏热飞 供图）

"布尔克特毕"既是对哈萨克族驯鹰狩猎生产生活方式的生动呈现，也是对民族文化的艺术表达与诠释，旨在体现鹰的种种美好品性：捕猎的勇猛敏锐、坚持不懈、自由自在地翱翔于天空中，勇敢追求、不畏艰难的精神品质。哈萨克族鹰舞生动形象地模仿猎鹰在猎杀猎物过程中英勇战斗的各种动作，捕获狡猾猎物（狐狸）的艰辛历程，体现哈萨克族人民与动物友好相处场景，与保护大自然生态环境和谐统一的传统文化内涵。[1]鹰舞用艺术的肢体语言施展了它的奋勇精神、坚持不懈，最终取得狡猾猎物的艰辛历程，刻画出了十分生动的舞蹈场面。这些舞蹈给观众传达出一个信息，即哈萨克这个民族以鹰象征着不畏艰难的精神和追求。

鹰舞的造型体态大致上是以模拟山鹰的习性与动态为主。鹰舞的步伐多采用点步、蹉步、移步、踏步、小踢步等。[2]

中国古代琵琶名曲《海青拿天鹅》成型于元代。杨允孚《滦京杂咏》中有诗句曰：

为爱琵琶调有情，月高未放酒杯停；
新腔翻得凉州曲，弹出天鹅避海青。

◀ 图 4-5 哈萨克族非遗传承人在雪中跳鹰舞
（杰恩斯汗·夏热飞 供图）

---

1 路明：《非遗保护下新疆哈萨克族民俗舞蹈"布尔克特毕"探析》，《艺术品鉴》2020 年第 8 期。
2 任慧婷：《新疆哈萨克族鹰舞的文化阐释》，《吉林艺术学院学报》2017 年第 2 期。

该曲包括《放海青》和《拿鹅》两个部分，是当时蒙古、女真等民族宫廷音乐的重要内容，用音乐的形式生动地再现了北方狩猎和游牧民族民众喜爱的狩猎活动。《海青拿天鹅》巧妙地运用器乐艺术技巧，生动地表现出海青搏击天鹅时激烈的景象。除琵琶之外，此曲后来还出现了古筝、二胡、三弦等多种乐器的演奏形式，但以琵琶独奏的形式最为著名。

（二）文学艺术

游牧民鹰猎活动一般在冬天下完小雪后进行。架鹰出猎本身很具有特色和吸引力。哈萨克族等游牧民通过文学艺术形式来表达对鹰的感情和独特的鹰猎文化。哈萨克族伟大诗人阿拜在其《雪后围猎》的诗歌中，生动细致地描绘了猎鹰围猎的情景：

大雪过后猎人们结对远征，向狐狸出没的深山挺进。
亲密的猎友跨骏马别有情趣，紧身的战衣更显出骑士的雄风。
驯鹰手顺势摘去猎鹰的眼罩，猎鹰转动着火眼向左右横扫。
惊地而飞必然捉不到狐狸，只有凌顶俯冲狐狸才无法遁逃。[1]

就像哈萨克族民间文学专家黄中祥先生关于哈萨克族英雄史诗中有关骏马地位的观点一样，有鹰之前，是人捕鹰；有鹰之后，是鹰捕猎。人能成为万物之灵，是因为人在万物面前处于主动，这是与人得到鹰息息相关。人有了鹰就能在更高层面上施展捕猎技能，狩猎的效益也就大大增多。许多动物原先是很难猎获的，如狼、狐狸等，但有了鹰，捕获这些凶兽有了更多的可能性。人驯化了鹰，更加强化了人在自然面前的自我主动意识，强化了人战胜危险的自信心，激起了人的一个又一个文学艺术的畅想。

---

[1] 阿拜著：《阿拜诗文全集》，哈拜译，民族出版社，1993年，第27页。

在哈萨克族人心目当中，骏马和猎鹰是男人的英雄本色，充分反映了猎鹰在人们心目中的位置。在游牧民族的心目中，马已不是普通的牲畜，而是战神，是一种能激励英雄勇往直前的圣物，是一种美好人格的象征。正如黄中祥先生所说，哈萨克族是典型的游牧民族，出生在马背上，成长在马背上，驰骋在马背上，战死在马背上。[1] 在哈萨克族民歌中常唱道："猎鹰和骏马是男人的气质和标志。"哈萨克族人喜爱鹰，崇拜鹰，在哈萨克族民间文学作品中，鹰的形象使用极多，有些是直接以鹰的形象作为叙述对象，有些是用鹰的形象象征人的形象和精神指向，有些则是借用鹰的形象作为某些情感的表达。鹰作为哈萨克民间文学中最为常用的意象，它所表现的往往是英勇、献身、正义、忠诚的精神，从某种意义上讲，在哈萨克族文化中，驯鹰术代表着一种文化。

在哈萨克族人中，广为流传着一首名为《猎人的渴望》的传统民歌，歌中唱道："骏马、猎狗和猎鹰是三宝，哈萨克男儿最需要。"鹰和马是哈萨克族人的最爱，人和鹰的感情特别深，鹰如果抓伤了主人，主人没有半点怨言。至今在草原上仍然流传着这样一句话，一匹好马难换一只好鹰。哈萨克族人把猎鹰视为吉祥之物，称为"神鸟"，看作自己的亲密伙伴，身份很高，往往能抵上几头牛的价格，而且猎人是不肯轻易转让给他人的。[2] 就像珍贵的天鹅一样，鹰也是很早以前就被哈萨克族当作神鸟进行保护，天鹅是美丽、和平、忠于爱情的象征，鹰是勇敢、忠于爱情的象征。在文学艺术中得到极力渲染，有许多关于鹰的传说。

---

1 黄中祥：《哈萨克英雄史诗中的骏马形象》，《西域研究》2008年第4期，第91页。

2 斯坦里帕·白克吐鲁松、陈学刚：《哈萨克族驯鹰术的传承研究——以则克台镇为例》，《武术研究》2018年第10期。

（三）雕刻艺术

古代北方民族不仅敬仰鹰的威严、勇猛、敏捷，而且将其视为美的化身。从古至今，鹰频繁出现于雕刻及绘画、歌舞等艺术作品中。以鹰雕为形象的造型艺术十分普遍，考古发掘中屡有鹰造型物品。如黑龙江省密山市新开流新石器时代遗址中出土的骨雕鹰首，鄂尔多斯青铜器中的鹰首青铜器、红山文化玉鹰、匈奴鹰形金冠等。在种类繁多的古代北方民族文物中，有许多以海东青捕猎为素材的雕刻、绘画。[1]

新疆阿勒泰地区青河县阿热勒镇杜尔根村村民阿斯哈尔别克·阿克然以根雕为主的雕刻艺术作品中，哈萨克族鹰猎文化是一个重要题材，他常常制作鹰猎题材的根雕。猎鹰与猎物的雕刻艺术作品在当地很受欢迎，有不少人在家里摆着猎鹰与猎物（狐狸）题材的雕刻（根雕）艺术作品。据根雕民间艺人阿斯哈尔别克·阿克然讲，他在2002年一场阿肯弹唱会上展示自己的根雕作品，其中就有他用古树根部做的鹰猎（主要是猎鹰与狐狸）题材的雕刻。[2]

第四节　猎鹰文化节

进入21世纪，猎鹰逐渐退出生产生活，其捕猎功能逐渐淡化，观赏功能逐渐增强。猎鹰文化也逐渐演变成了一种文化旅游资源，开始在各种活动中展演。

猎鹰文化节中对猎鹰的评判主要由以下两个部分组成：

第一部分主要从猎鹰方面来判断和衡量：1. 猎鹰是否听从驯鹰人

---

[1] 额尔德木图：《北方民族鹰崇拜文化研究》，《满语研究》2013年第2期。

[2] 访谈对象：阿斯哈尔别克·阿克然，男，哈萨克族，58岁，阿勒泰地区青河县阿热勒镇杜尔根村牧民，2018年6月份访谈。

△ 图 4-6　阿斯哈尔别克·阿克然的雕刻作品（1-3.猎鹰与猎物根雕；4.猎鹰浮雕）

的召唤，2.猎鹰是否捕捉驯鹰师的诱饵，3.猎鹰是否能够捕获活兔，4.猎鹰是否能够捕获活狐狸，5.猎鹰是否能够捕获活狼；第二部分从猎鹰相关的审美方面来衡量：1.驯鹰人的着装打扮，历史上的驯鹰人身穿动物毛皮大衣和皮裤，多为狼皮，头戴狐狸皮帽，2.马的整体效果，包括马鞍、马鞭等都可以列入评判范围，3.鹰的鹰帽、脚链等，若制作精美则可加分，4.鹰、马及驯鹰师的装饰物，多为银饰。

（一）阿合奇县猎鹰文化节

阿合奇县位于新疆维吾尔自治区西部的天山南脉腹地，克孜勒苏柯尔克孜自治州的北部，是以柯尔克孜族为主体的多民族聚居的边境县。柯尔克孜族人驯养猎鹰有着悠久的历史，至今仍完整保留着原始的驯养方式。阿合奇县苏木塔什乡被文化部命名为"中国猎鹰之乡"。柯尔克孜族驯鹰习俗于2011年列入我国第三批"国家级非物质文化遗产代表性项目名录"，传承人为库尔马西·胡特曼。鹰可分为老鹰和隼，柯尔克孜族牧民一般驯养的都是鹰。柯尔克孜人把猎鹰分为几类，有"将破司""库木破司"和"马依破司"等，阿合奇县拥有2000多只猎鹰和猎隼，在苏木塔什乡有400多户牧民，几乎都会驯鹰捕猎。

1991年，著名英国驯鹰专家安德鲁在阿合奇县苏木塔什乡看到了柯尔克孜人驯鹰技艺，认为这里是"世界上猎鹰的故乡"，并评价"观看猎鹰捕获猎物那妙趣横生和令人惊心动魄的场面胜过到西班牙看斗牛"。为了保护猎鹰和传承生活传统，阿合奇县深入挖掘、保护、发展、弘扬柯尔克孜民族文化，充分发挥柯尔克孜族文化资源优势，制定了"通过文化发展旅游，通过旅游带动经济"的发展目标，着力打造特色文化旅游品牌。由于猎鹰属于野生保护动物，驯养猎鹰必须有驯养证。县政府对驯鹰人进行登记备案，发放了驯养证，其中，苏木塔什乡登记注册的猎鹰就有百余只，占阿合奇县的60%。每位驯鹰传人每月发放500元补贴，并为他们缴纳保险，纳入城乡统筹范围。

图 4-7　阿合奇县柯尔克孜族牧民展示猎鹰
（阿力木江·阿布都克日木　摄影）

▲ 图4-8 阿合奇县猎手集体展示猎鹰

（阿力木江·阿布都克日木摄影）

2008—2011年，阿合奇县曾连续四年举办猎鹰文化节。活动突出了猎鹰文化主题，经过各方面组织协调，保证了猎鹰文化节活动能够安全有序地进行，以猎鹰相关活动为中心，营造出庆典活动欢乐祥和的喜庆氛围，为外来宾客和当地民众提供猎鹰文化盛宴。

2008年10月21日，"首届猎鹰文化节暨旅游推介会"在阿合奇县苏木塔什乡举行。手臂上高举猎鹰的柯尔克孜族牧民展示了"放飞猎鹰""猎鹰捕兔""猎鹰活捉狐狸"等猎鹰表演节目。参加猎鹰比赛的选手从16岁到75岁不等。在此之前，每年冬季时，苏木塔什乡就云集着百余只猎鹰举行长达数日的猎鹰捕猎比赛，猎鹰节更提升了这一活动的文化影响力。

2009年3月20—21日，正值柯尔克孜族传统的诺鲁孜节，阿合奇县举办了"诺鲁孜节暨第二届猎鹰文化节"。第一天的活动在县赛马场进行，当地柯尔克孜族猎鹰手聚集在那里，展示各自驯养的猎鹰。第二天移师到素有"中国猎鹰之乡"之称的苏木塔什乡举行捕鹰、驯鹰表演。自"首届猎鹰文化节"以来，该县的柯尔克孜族猎鹰历史文化受到外界的广泛关注。3月21日上午，在苏木塔什乡山间空地开辟出的猎鹰场上，全县百余名猎鹰人带着猎鹰为游客展示猎鹰特

第四章 猎鹰的象征意涵

图 4-9　阿合奇县猎手骑马架鹰展示
（阿力木江·阿布都克日木 摄影）

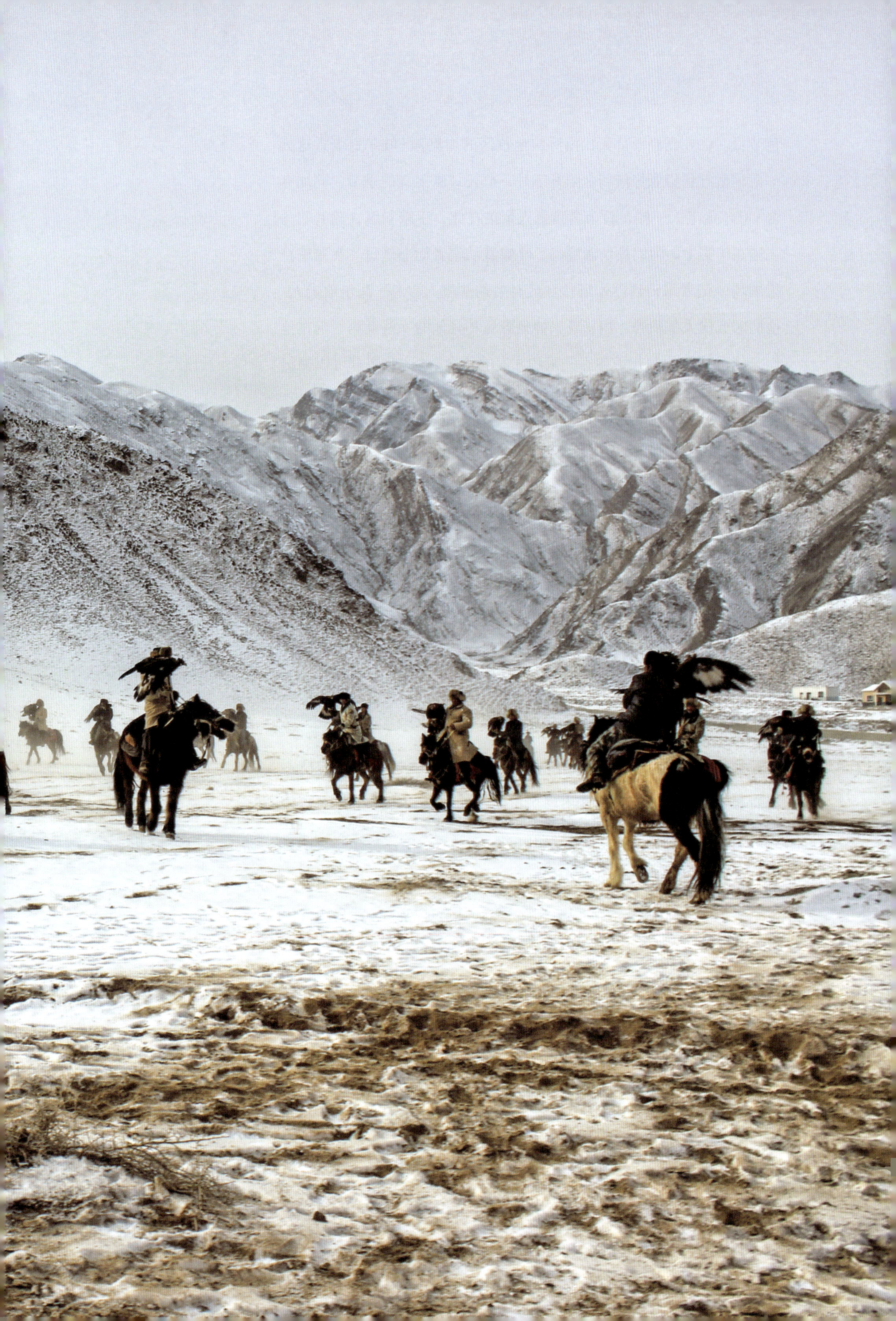

色节目。住在新疆西部天山南脉腹地牧区的加克普·吐尔逊老人这天一大早就赶到猎鹰狩猎场。阳春三月，草长"鹰"飞的季节。同加克普·吐尔逊老人一样，百余名猎鹰人聚集在此，手擎猎鹰，骑着骏马飞驰在旷野上，他们模仿着鹰鸣，呼啸着从记者面前越过。在猎鹰狩猎现场，记者采访到苏木塔什乡最有名的驯鹰人沙特·瓦尔地老人。他们家五代人都驯鹰，用猎鹰来捕猎野兔和其他的一些动物。现在他们家族里他和他的儿子各有一只约3岁的猎鹰。"这些鹰都可以捕捉猎物，主要是野兔和狐狸，这些猎物我们吃一些，分给猎鹰吃一些。"

当地面上有猎物野兔或者狐狸出现的时候，这些被驯养的猎鹰头部的羽毛会立刻"怒发冲冠"，张开健硕的翅膀从驯鹰人的肩膀上或者手上飞向天空，盘旋着寻找最佳的捕猎机会。当一只狐狸或者野兔出现在它的视线中，猎鹰便加快盘旋的速度，寻找到机会后，便用近九十度的直角向下迅猛俯冲，两只如同钢钩一般的鹰爪死死地摁住猎物，等待它的主人前去捕获猎物。牧民加克普·吐尔逊的猎鹰在狩猎中捕获了两只野兔，他高兴地分了大半只野兔喂养猎鹰。他告诉记者，他的猎鹰一岁多了，每天需要大约一斤的肉喂养。50岁的他已经养鹰近25年，驯养过5只猎鹰。

一名来自江苏无锡旅游团的游客感言："猎鹰捕捉猎物的精彩场面非常震撼，我们这些在内地城市居住的人，如果不来苏木塔什乡，这一辈子都可能见不到这种原始的，充满野性的狩猎场面。回去后一定会把阿合奇，把苏木塔什乡介绍给朋友们。"该县首个旅游公司——新疆阿合奇县猎鹰旅游文化公司在这次活动前揭牌。该公司负责人告诉记者，阿合奇县的猎鹰文化，特别是苏木塔什乡的猎鹰文化和深厚的柯尔克孜族历史文化将成为阿合奇县旅游经济发展的"大动脉"。[1]

2010年3月20日，阿合奇县举办了第三届"猎鹰文化节"。当

---

[1] 李凌、孙亭文：《探访新疆苏木塔什乡："中国猎鹰之乡"展翅欲飞》，中国新闻网，2009年3月23日，http://www.chinanews.com/sh/news/2009/03-23/1612738.shtml。

△ 图 4-10
柯尔克孜族猎手们
（阿力木江·阿布都克日木摄影）

天，沙尘蔽日、寒风阵阵，但人们参与和观赏鹰猎的热情不减。猎鹰捕猎活动开始后，一队柯尔克孜族男子跨马扬鞭，擎 75 只猎鹰和 25 只猎隼，沿着山谷一侧飞驰而来。一只只猎鹰站立在各自主人的臂弯抖开羽翅，威风凛凛，似乎马上要飞向蓝天。一时间，鹰鸣马啸、喝彩阵阵，山谷中回荡起猎人围猎前的呼喊声。随后，猎人们驱马到达近百米高的山顶，架好猎鹰，准备出击。有人在山下放出兔子和用狗伪装的狐狸。这些小动物有的还没反应过来就被猎鹰爪制服，有的虽然惊慌失措东奔西逃，但还是难逃一劫。猎人们还为游客表演了猎隼"空中捕鸽"等项目。62 岁的牧民依布拉音有着 32 年的养鹰历史，他驯养的鹰名字叫玛依巴斯，意为飞得最快，这只鹰因为刚刚捕获一只狐狸而获得冠军。

◀ 图4-11
阿合奇县猎鹰手表演架鹰
（阿力木江·阿布都克日木摄影）

（二）青河县猎鹰文化节

青河县地处准噶尔盆地东北边缘，阿尔泰山东南麓，西邻富蕴县，南连昌吉州奇台县，东北与蒙古国接壤。其地理位置偏远，地处高寒山区，生态环境优越、资源富集，历史悠久，文化底蕴丰厚，是中国阿肯之乡、绒山羊之乡。青河县居住着16个民族，是以哈萨克族为主的少数民族边境县之一。[1]

2012年开始，新疆阿勒泰地区青河县委、县政府对弘扬哈萨克族传统文化给予了高度重视，特别是从2012年起，由"猎鹰协会"举办鹰猎活动，并提升到节日的高度。2013—2015年，青河县连续三年举办了三期猎鹰文化节。青河县猎鹰比赛作为阿勒泰地区冬季冰雪旅游活动的一部分，通过各界媒体的大力宣传，名扬万里，在国内外引起了强烈反响。在此基础上，2014年9月，青河县被自治区文化厅冠名为"猎鹰之乡"；2014年年底，青河县"猎鹰"被文化部列入2014—2016年度"中国民间文化艺术之乡"名单。

---

[1] 青河县人民政府网，2021年10月1日查询，http://xjqh.gov.cn/zjqh/003001/20181003/60ad72ab-48ec-46c1-86a4-479dbfd2ac97.html。

▲ 图 4-12 猎鹰文化节中的猎手和观众

（哈帕孜·恰合班 摄影）

▲ 图 4-13 猎手们架鹰入场

（哈帕孜·恰合班 摄影）

图 4-14　青河县第二届猎鹰比赛（哈帕孜·恰合班 摄影）

شىڭگىل اۋدانى 2 ـ كەزەكتى سالبۇرىن سالتا

图 4-15　猎鹰文化节现场（哈帕孜·恰合班 摄影）

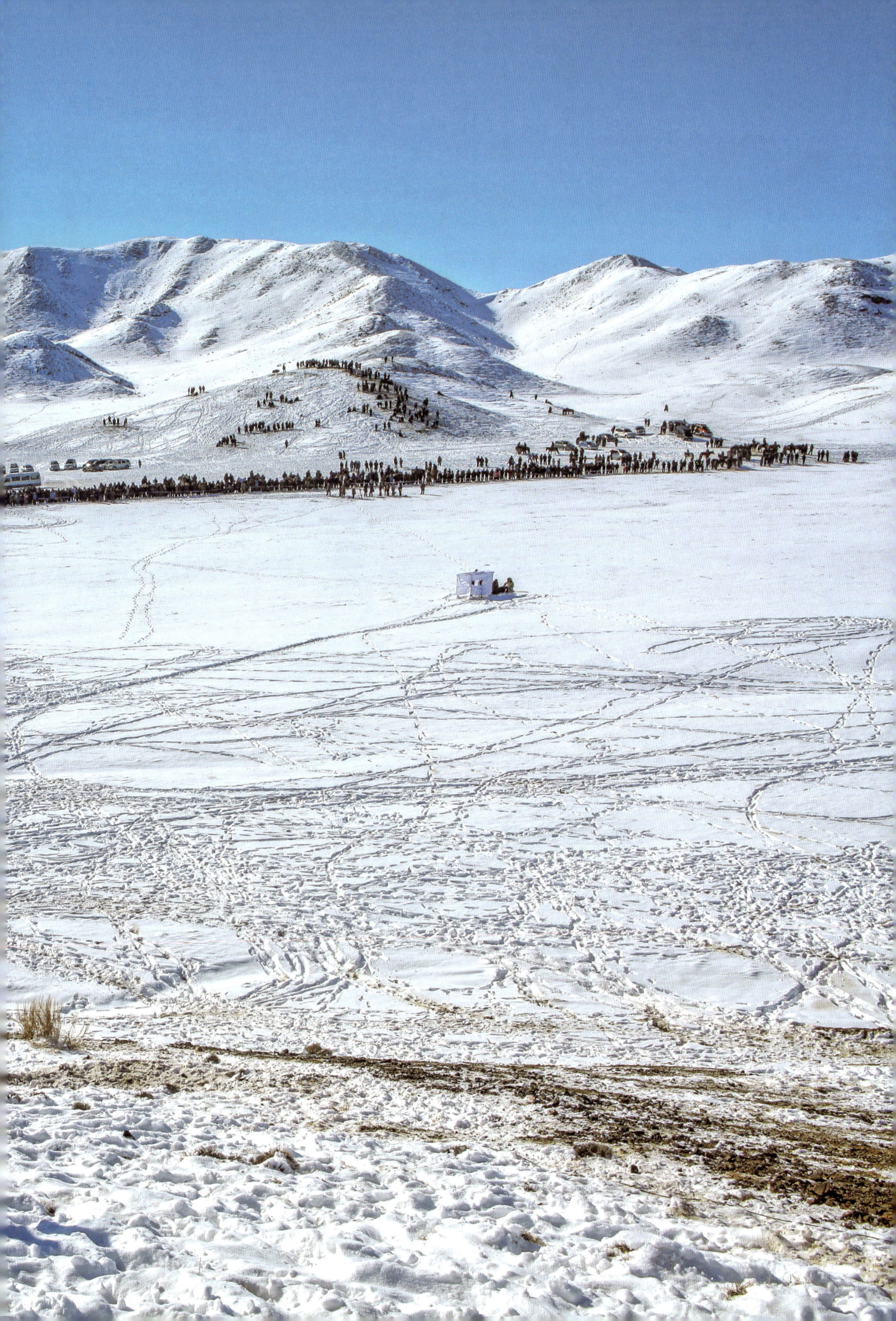

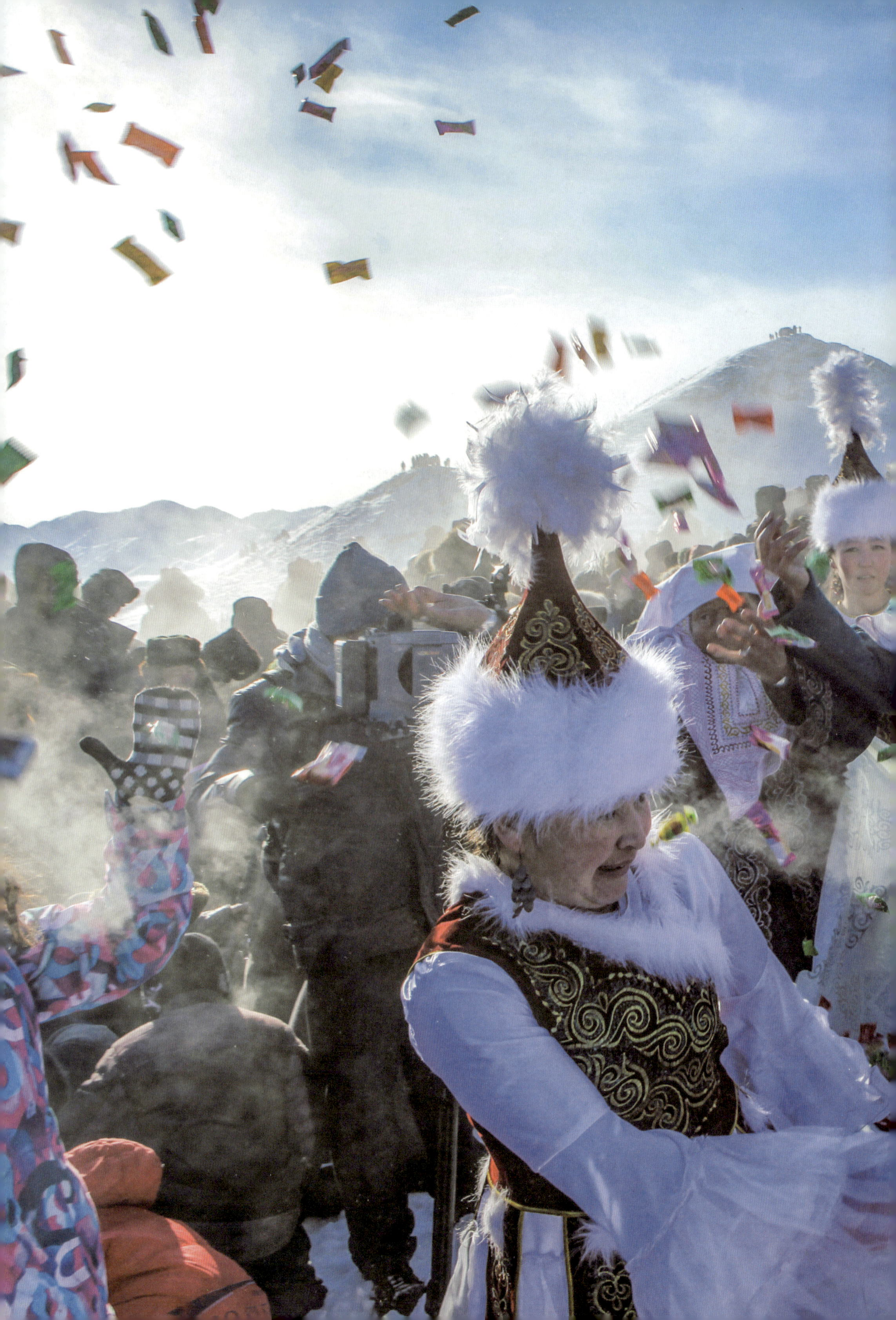

图 4-16　猎鹰文化节中的"沙曙"（祝福撒糖）仪式
（哈帕孜·恰合班　摄影）

2014年2月，阿勒泰地区青河县举办了猎鹰文化节，虽然阿勒泰的冬天严寒，气温低至零下30多摄氏度，但是参加的观众不少。无论是哈萨克族人还是外来的游客都很希望能够目睹游牧民族这种独特的狩猎文化。

▲ 图 4-17 寒冷天气中参加猎鹰文化节的观众
（哈帕孜·恰合班 摄影）

◀ 图 4-18 猎鹰文化节中的摄影爱好者和观众
（哈帕孜·恰合班 摄影）

第四章 猎鹰的象征意涵

（三）富蕴县猎鹰表演

富蕴县地处新疆维吾尔自治区北部，阿勒泰地区东端，额尔齐斯河上游，北部与蒙古接壤，东临青河县，西接福海县，南延准噶尔盆地，居住着汉族、哈萨克族、维吾尔族等29个民族，总人口10.2万人，少数民族占总人口的76%，其中哈萨克族居多。[1] 富蕴县矿产资源丰富，县名取自"天富蕴藏"，是一个以工矿业、旅游业和农牧业为主的边境县。在这里，哈萨克族驯鹰是第二批自治区级非物质文化遗产代表作扩展项目。据富蕴县库尔特乡布拉特村驯鹰师吉肯·托合塔木拉提回忆，2015年包括他在内的阿勒泰各地各行各业的传承人曾被邀请去阿勒泰地区参会，会上他就驯鹰的历史做了发言。他本人在

▽ 图4-19
驯鹰师吉肯·托合塔木拉提与他的猎鹰
（哈依达尔别克·吾拉什汗摄影）

---

1 富蕴县政府网，2021年10月1日查询，http://www.xjfy.gov.cn/zjfy/002001/20180920/92b863a3-a5f4-4039-99c9-a7b80b4cf0f7.html。

△ 图 4-20
驯鹰师吉肯·托合塔木拉提的徒弟叶尔波力·吐拉拜与他的猎鹰
（哈依达尔别克·吾拉什汗摄影）

传承驯鹰文化方面不仅培养自己的儿子，还曾在其他乡、村共培养了六位徒弟。

2015 年，新疆富蕴县在举办冰雪风情节时也有猎鹰表演的环节。举办此类活动，一方面是当地政府及相关部门宣传猎鹰文化的举措，另一方面猎鹰也是牧民们特有的冬季体育娱乐活动。吉肯·托合塔木拉提当时是这场活动的评委，其他评委还有老驯鹰师卡帕尔，现已去世，以及 2021 年 3 月初去世的驯鹰师孜亚老人。据他回忆富蕴本地有 21 个驯鹰人，当时大概只有 15 只驯鹰参赛，第一名来自克孜勒希力克乡。

第五节　猎鹰回归自然

随着生产生活方式的改变，游牧民已逐步实现定居和半定居，只是保留了部分季节性游牧。一部分人定居农村过上了牧业为主、农业为辅的生活，还有一部分则是进城打工，完全脱离牧业。游牧知识的生存环境被大大压缩，也面临后继无人的窘境。从游牧文化中产生的猎鹰文化也深受影响，一方面是没有了可以驯鹰的条件和环境，另一方面则是缺少可以继承和传承的人才。随着越来越多地强调生态环境保护，特别是野生动物的保护，近些年各地已经停止举办猎鹰文化节及相关活动，驯鹰的人也变得少之又少，真正懂得驯鹰的人也屈指可数，继续驯鹰的人则需要办理相关手续，合法驯养，并受到林业局畜牧局等部门的指导，政府也曾在各地组织放飞猎鹰回归自然。

其实，历史上猎人们驯养的猎鹰到了一定年龄也要放生，一个驯鹰人一生可以驯养多只猎鹰，不能一直驯养着同一只猎鹰。哪怕不是彻底放生，这种具有野性的动物也需要在春夏时节自由选择自己的生活，去往高山地带，春夏逐渐回暖，炎热的天气不适合家养驯鹰。放生一般会选择在春季进行，为的是让鹰可以繁衍后代。地点则选在高山上或者曾经的鹰巢附近，有条件者还会在那里宰一只羊，以供驯鹰食用，感谢它一直以来的帮助，也包含着猎人的万千不舍与牵挂。一般猎鹰被驯养后与驯鹰人之间培养了深厚而亲密的感情，因此常常在放生后又返回，需要再次放生。但在猎人们心目中，猎鹰的驯养和放归自然并不是对立的，是一个不断延续的循环过程。

走访过的数位驯鹰师均认为，虽然猎鹰一般会活 30 年左右，也有人说可以活 40 多年。猎鹰手们驯养过的鹰过了几年后就要放归自然。捕鹰、驯鹰、放鹰和回归自然的过程一般为 3—7 年，最长不超过 10 年。

阿勒泰地区青河县阿热勒镇的驯鹰师胡玛海老人讲，放归大自然要讲究时间和细节，首先，选好季节，鹰放归大自然的季节一般春季或者夏季。在鹰营养均衡、体力各方面都强大的时候放归自然，决不能选择冬季，因为冬季不好找猎物或者食物，鹰会因身体瘦弱而面临生命危险，甚至会饿死。其中尤其是从鹰巢中抓获驯练的猎鹰，因为从小对驯鹰师有依赖性，相比野外抓获的野鹰，从鹰巢中抓获的鹰成功回归大自然的过程会比较难。其次，放归要选好日子，让鹰吃饱肚子，然后将鹰带到山上的栖息地，供给它几天的肉。每个人的家庭经济情况不一样，穷人的话会提供羊的一只大腿，家庭条件好的人会专门在自己家驯养的鹰放归自然时，给它宰一只羊，让它吃饱肚子，实际一只鹰肯定吃不完一整只羊，但是看到它身边的食物，其他野鹰也飞过来吃，猎鹰就可以跟着其他野鹰飞走，也就找到了自己的伙伴。[1]

阿勒泰地区青河县阿尕什敖包乡的驯鹰师吾斯肯拜·塔吾巴也持相同观点，他还提到放飞前在鹰脚系上一个白布条，这意味着希望它在外面一切顺利，能捕获食物，能吃饱肚子，成功回归自然。同时白布条也是一种标记。[2] 每一位驯鹰师从放归自然那天开始关注着自己的猎鹰，关心它能否适应大自然，能否捕获食物，或者是否又被别人捕用，若被他人捕获，就会把它要回来再照顾它一个冬天，次年再放归，让它成功回归大自然。

在哈萨克等游牧民族的观念当中，鹰是他们的伙伴，把它当家人一样宠爱它，猎人和猎鹰彼此之间如同伙伴般的感情非常深厚。他们每次把猎鹰放归自然时也会不舍地流下眼泪，不仅是驯鹰师一人，而是驯鹰师全家人都会怀念自己家驯养的鹰。但帮助猎鹰回归自然是每个驯鹰师的职责所在，鹰若被驯养，一方面影响它孵化和繁衍后代，另一方面它会因为缺乏锻炼而失去野性，体力和捕捉猎物的能力也会下降。鹰是众鸟之王、空中之王，永远在天空中翱翔是鹰的本能。

驯鹰人将自己的猎鹰放归后，他们会再寻找下一个伙伴，这也是哈萨克族驯鹰人祖辈流传下来的习俗，但老人们岁数大了之后放归自

---

[1] 访谈对象：胡玛海，阿勒泰地区青河县阿热勒镇杜尔根村牧民，82岁，2021年6月2日访谈。

[2] 访谈对象：吾斯肯拜·塔吾巴，阿勒泰地区青河县阿尕什敖包乡牧民，58岁，2014年2月15日访谈。

己的猎鹰后一般就不再养鹰了，他们担心自己无法照顾猎鹰，心理上也承受不了分别之痛。猎鹰的放归，一方面源自哈萨克族人热爱自由的放牧生活，他们爱鹰也相信鹰也会向往自由；另一方面也体现出哈萨克族人对自然万物的尊重，驯鹰的同时人们从鹰那里学习了如何与自然界的生灵和谐共处，驯鹰人为了鹰有时会走上百里路来更换捕猎的场所，就是为了避免只在一个地方捕猎会破坏自然界的平衡，这就是哈萨克族人简单的自然哲学。[1] 除了鹰之外，哈萨克族认为天鹅、雪鸡、猫头鹰、燕子、羚羊等动物是大自然的宠物，所以禁止猎杀。还用禁语劝诫自己的儿女不能伤害它们。哈萨克族风俗中，如果准备拆卸的毡房穹顶发现有燕子窝，就会把窝巢连同穹顶都留下供它们平安长大。哈萨克族民间俗语说："若你打坏鸟蛋，脸上就会长雀斑"；"若你伤害青蛙，脸上就会长黑斑"。打猎是哈萨克族过往的生产活动之一，但他们并不对野生动物做灭绝性的猎杀，而是尽可能放走母畜和仔畜，以维持野生动物的繁殖，保持生态的平衡。他们通常认为弄死天鹅、燕子、毁鸟窝蚁冢、杀猫头鹰、掏麻雀蛋、猎杀有幼雏的野兽等等，都是不吉利的。[2] 因此，哈萨克族等游牧民族不仅是保护鹰，还要把猎鹰放归自然，让它早点找到另一半，就像人类一样传宗接代，繁衍生息。

---

[1] 张兆龙、张明亚、王斌、钟学思：《我国哈萨克族鹰猎活动研究》，《鄂州大学学报》2018年第2期。

[2] 周亚成：《哈萨克族民间骨信仰习俗浅析》，《西北民族学院学报》（哲学社会科学版）2002年第1期。

结　语

鹰猎作为一项冬季文化和生产活动，是人类冰雪文化的一种重要表现形式。

哈萨克、柯尔克孜、塔吉克等游牧民族在游牧狩猎生产生活中创造了关于"鹰"的鹰猎文化，其中包括捕鹰、养鹰、驯鹰、放鹰，发明了完备精致的驯鹰工具，积累了驯鹰的经验，并形成了一整套与所在的生态环境相适应的鹰猎知识体系，包括对鹰的习性的了解、鹰的品鉴和分类、猎鹰和驯鹰知识。驯鹰经验通过代代相传的方式保留了下来，使后人有机会了解独特的鹰猎文化。

游牧民使用猎鹰冬猎的过程，既有效地增加了游牧民经济资源的生产，也是一种增强和巩固社会关系的集体行为。游牧民族围绕猎鹰构成了一整套文化概念和意义体系，从中也呈现出了游牧民的社会关系、社会组织、社会结构。游牧民在与自然和谐友好的共处中，驯化了鹰，崇拜并利用它，热爱并善待它，久而久之，与它产生亲密的感情，甚至情同"父子"，也会在合适的时机放归它，让它回到自己的世界繁衍生息。

哈萨克族、柯尔克孜族、塔吉克族都将猎鹰和鹰猎活动作为一种社会文化资本，更作为一种当代社会的文化特征加以塑造。鹰在艺术表现中被赋予了象征意涵，哈萨克族的猎鹰舞蹈呈现了人与鹰、人与自然的关系，塔吉克族的鹰笛、鹰舞更是作为代表性民族文化而名扬中外。

随着时代的发展与变化，猎鹰不再普遍，但是猎鹰和鹰猎文化及其影响已经悄无声息地渗入哈萨克、柯尔克孜、塔吉克等游牧民族的生活中，在人类文化延续和发展中占据了一席之地。

王建民

2021 年 11 月